함께 살 수 있을까

타인과 함께 사는 법을 고민하는
청년 인터뷰집

함께 살 수 있을까: 타인과 함께 사는 법을 고민하는 청년 인터뷰집

발행일 초판1쇄 2023년 6월 10일 | **지은이** 김고은 | **사진** 김지원
펴낸곳 북드라망 | **펴낸이** 김현경 | **주소** 서울시 종로구 사직로8길 24 1221호(내수동, 경희궁의아침 2단지) |
전화 02-739-9918 | **팩스** 070-4850-8883 | **이메일** bookdramang@gmail.com

ISBN 979-11-92128-34-4 03300

책으로 여는 지혜의 인드라망, 북드라망 **www.bookdramang.com**

김고은 인터뷰

함께 살 수 있을까

타인과 함께 사는 법을 고민하는

청년 인터뷰집

새벽이생추어리　　무모
무지개신학교　　　오늘
들불　　　　　　　구구
책방우주소년　　　현민
그린오큐파이　　　윤지

BookDramang
티 북드라망

이 인터뷰집은 청년들의 **생존-지혜가 담긴** 이야기집이다.

목차

밉든 싫든 지지고 볶으면서:

어쨌든 다 이어지니까:

연결될 수 있다는 가능성:

서문/

달라도 함께 살 수 있을까?

1.

고백하자면 처음엔 생존의 문제가 나와는 큰 관련이 없다고 생각했다. 나는 대학교를 자퇴하고 20대 내내 경기도 용인에 위치한 〈문탁네트워크〉라는 인문학 공동체에서 공부했다. 이곳은 인문학 책을 읽으며 토론하고, 함께 생활하며 나름의 윤리를 만들고, 대안 화폐*를 만들거나 비누와 반찬을 생산하는 마을 작업장 실험**이 일어나는 곳이다. 나는 대학교와 인문학 공동체 생

---

* 〈문탁네트워크〉에서 통용되는 대안 화폐는 '복'(福)이다. 화폐는 대개 가장 사적인 것으로 여겨진다. 그러나 '복'은 그러한 화폐에 대한 고정관념을 뒤엎고 서로가 서로에게 의지하고 있다는 것을 보여 주는 가장 좋은 지표가 되어 주고 있다.

** 〈문탁네트워크〉에서 공부는 책 읽는 것에서 그치는 것이 아니라 인간 세상의 일부인 '일'을 숙련하는 것이기도 하다. 이곳 마을 작업장의 '일'에는 무언가를 만들고 사용하는 것 자체에 대한 수련과 우정에 관한 섬세한 기술도 숨어 있다.

활을 병행하다가 대학교를 자퇴하면서 본격적으로 〈문탁네트워크〉에 들어갔다. 5년간 중장년 선생님들과 공부한 뒤, 몇 안 되는 또래 친구들과 청년 인문학 스타트업 〈길드다〉를 꾸렸다. 공부한 것을 우리끼리 향유하는 데서 그치는 것이 아니라 사람들과 나누고, 나눔으로써 생계를 유지해 보고자 했다.

〈문탁네트워크〉와 〈길드다〉에서 보낸 10년이 아름답기만 하지는 않았다. 잠깐 생각해 봐도 힘들었던 순간들이 한 무더기 떠오른다. 〈문탁네트워크〉에서 공부를 제대로 하지 않는다며 선생님들에게 혼나서 울던 기억, 〈길드다〉 친구들과 의사소통 문제로 크게 부딪혔던 기억, 하기 싫은 일을 이 악물고 해내야 했던 기억…. 그런데도 나는 여기가 안전한 공간이라고, 내 삶을 지탱해 주는 안전망이라고 느꼈다. 이곳은 문제를 일으키고도 그냥 남아 있을 수 있는 곳은 아니지만, 내가 혹은 우리가 문제를 해결할 때까지 기다려 줄 것이라는 믿음이 있는 곳이었다. 사람들은 친절하기보단 쌀쌀맞게 느껴질 때가 더 많지만, 사사로운 잇속을 좇아서 움직이지는 않을 것이라는 신뢰가 있는 곳이었다.

이곳에서 나는 사람들과 부대끼며 서로가 얼마나 다른지 실감했고, 동시에 그렇게 다른 이들과 양보하며 발맞춰 사는 법을 익혔다. 내가 남들과 다르다는 사실을 부각시키는 것보다, 다름을 가진 채 함께 사는 게 더 중요하다는 걸 배웠다. 공동체는 그렇게 쌓인 신뢰로 굴러갔다. 돈이나 명예가 없어도 우리가 오랜 시간 함께하는 건 이 신뢰 때문이었다. 그래서 내게 〈문탁네트워크〉와 〈길드다〉는 친구들을 위해 시간, 돈, 마음 같은 것들을 선뜻 내놓을 수 있는 곳이었다.

2.

나 역시 생존의 위협으로부터 자유롭지 못하다는 걸 깨달은 건 20대 중후반이 되어서였다. 두 가지 계기가 있었다. 친구들이 아팠다. 이유를 명확하게 알 수 없는 갖가지 병에 걸렸다. 우울증은 너무 흔해서 누가 생겼다고 해도 놀랍지 않았다. 어느 날은 한 친구가 공황장애가 생겼다고 했다. 출근길에 지하철을 타기가 어렵다고, 숨을 쉬지 못해 죽을 것 같은 느낌이 든다고 말이다. 또 어느 날은 다른 친구가 덤덤하게 자살을 시도했다는 근황을 전했다. 내가 할 수 있는 일은 친구들의 이야기를 듣고 아무렇지 않은 척 눈물 참기, 같이 책 읽자고 제안하기, 헤어질 때 몸이 부서지게 안아 주기 정도밖에 없었다.

　　내 친구들만의 일이 아니라는 걸 책과 뉴스를 보고 알았다. 인터넷의 글 플랫폼과 서점에는 20~30대가 생존의 어려움을 호소하는 에세이가 넘친다. 서울에 사는 젊은 여성의 자살 시도율이 높다는 기사를 보고 덤덤하게 "그렇지"라고 수긍했다. 20~30대는 열정과 희망이 있는 나이라고들 하던데 나는 친구의 죽음을, 친구의 친구의 죽음을, 누군가의 친구였을 사람의 죽음을 애도하기 바빴다. 그들의 때 이른 죽음을 개인적인 불행이라거나 사고라고 눙치고 넘어갈 수 없었다. 인터넷에서 먼저 세상을 떠난 또래 연예인의 이름 석 자를 발견하면, 내가 그들의 지인이나 팬이 아니었음에도 불구하고, 심장이 쿵 떨어지고 눈물이 고였다. 언제든 또 다른 누군가가 죽을 수도 있겠다고 생각했다. 그건 누군가의 친구가 될 수도 있었고, 친구의 친구가 될 수도 있었고, 내 친구가 될 수도 있었고, 어쩌면 내가 될 수도 있었다.

두번째 계기는 내가 공동체에만 머무르지 않고 사회에 나가서 자리를 잡고 돈을 벌고자 했을 때 찾아왔다. 공동체의 안전망과 공동체에서 배운 생존 방식이 더 이상 유효하지 않게 되었을 때 말이다. 시장에 진입하려면 함께 사는 법을 수련하는 것보다 남들과 다르다는 사실을 부각시키는 일이 더 중요했다. 직장에 들어가려면 남들과 비교해 봤을 때 내가 얼마나 특출난 사람인지 어필할 수 있어야 했다. 프리랜서로 일하고자 한다면 SNS에서 내가 얼마나 대단한 사람인지 광고할 줄 알아야 했다. 이때 남이란 존재는 양보하며 맞춰 가야 할 이들이 아니었다. 때론 나를 드러내기 위한 비교 대상, 때론 불필요한 리스크를 줄이기 위해 무시해야 할 존재, 때론 언제 나를 공격할지 알 수 없는 위험한 타인이었다. 이질적인 존재들과 영원히 평행선을 그리며 살게 되겠지만, 혹여라도 어쩔 수 없이 마주치는 순간이 오면 나는 언제든 그들에 의해 위험에 빠질 수 있었다.

정신을 차리고 보니 또래 친구들의 아픔과 죽음 한복판에 서 있었다. 뚜렷하게 인식할 수 없는 무수한 타인들에게 의심의 눈길을 보내며 휘청휘청, 그렇게 서 있었다. 그러므로 나는 물을 수밖에 없었다. 오늘날 청년들이 어떤 사회적 안전망 안에서 살고 있을까? 마음을 쏟아도 괜찮을 것이라는, 잇속을 위해 나를 이용하지 않을 것이라는, 오랜 시간이 걸리더라도 잘못이나 미움을 바로잡을 수 있을 것이라는 믿음이 있는 곳, 그러니까 나의 생존에 위협적이지 않은 존재들과 서로 의지하며 살아갈 수 있는 그런 장場이 어디에 있을까? 직장은 사람을 경제적 가치로 환산해서 평가하고 저울질하는 곳이니 사회적 안전망이 되어주지 않을 것이다. 집과 친구는 안정적인 느낌을 줄 수 있지만, 둘 다 사회적인 위치와 역할을 형성하기엔 충분하지 않다.

어떤 안전망도 없이 혈혈단신으로도 살아남을 수 있는 사람이 몇이나 될까? 도처에 산재한 낯선 존재가 언제 내게 적대적으로 변할지 몰라 불안해하면서도 고립되지 않았다고 느낄 사람이 몇이나 될까? 포식자나 오락가락하는 날씨의 위협에 직면하지 않더라도, 먹을 음식과 마실 물이 충분하더라도, 사회적으로 고립된다면 얼마든지 생존의 위협을 느낄 수 있다. 만약 우리 또래에게 생존의 위협이 실재한다면, 우리에게 이 위협에 맞설 수 있는 생존-지혜가 필요하지 않을까? 선조들이 책을 통해 당시의 생존 방식과 지혜를 공유했듯이, 우리에게도 지금 상황에 맞는 생존-지혜를 공유할 필요가 있지 않을까?

　적어도 내 경험에 의하면 지혜는 거대한 담론 속에 있지 않았다. 나는 지난 10년 동안 〈문탁네트워크〉와 〈길드다〉 사람들과 부딪히며 공동체에서 타인과 함께 사는 법을 배웠다. 그 배움은 깔끔한 이론이나 화려한 말이 아니라, 반복되는 일상과 작은 부딪힘에서 일어났다. 그래서 나는 지혜가 이질적인 존재와 함께 살며 겪은 성공과 실패의 경험에, 다른 존재와 연결이 끊어지고 맺어졌던 시간에, 그럴 때 들였던 마음에 있다고 믿는다. 나는 그런 경험과 시간, 그리고 그런 마음을 가진 친구들의 이야기 즉, 우리에게 필요한 생존-지혜를 가진 친구들의 이야기가 필요하다고 느꼈다.

3.

2019년부터 2년간 〈길드다〉에서 네트워킹 행사 '비학술적 학술제'를 열었다. 〈길드다〉처럼 대학 밖에서 공부하고, 그 공부를 삶으로 끌어들이려는 친구들을 만나기 위해서였다. 대개 학술제는 강단에서 열리는데 우리는 강단 밖에서 여니까 '비학술적'이고, 또 공부가 문자 위에서가 아니라 삶 위에서 드러나야 한다고 생각했기 때문에 '비학술적'인 학술제였다. 2년 동안 '비학술적 학술제'에 함께할 단체를 찾다가 재밌고 멋진 친구들을 많이 알게 되었다.

그중에는 이 인터뷰집에 등장하는 〈무지개신학교〉의 오늘 님과 〈들불〉의 구구 님도 있었다. 〈무지개신학교〉의 오늘 님은 목회자를 준비하던 신학대학원의 학생이었는데, 하루아침에 학교에서 징계를 받고 쫓겨나게 되었다. 채플 시간에 무지개 티셔츠를 입고 들어갔다는 이유 때문이었다. 그후 오늘 님은 〈무지개신학교〉를 만들어 모두가 자신의 고유한 색깔을 펼칠 수 있기를 바라는 기독교인들의 모임을 시작했다. 〈들불〉은 여성 독서 커뮤니티다. 〈들불〉을 운영하는 구구 님은 20대 초반까지만 해도 페미니즘에 대한 거부감을 가지고 있었지만, 한국 사회의 여성 혐오를 몸소 경험하면서 여성들의 연대가 필요하다는 것을 깨닫게 되었고, 여성들이 책을 읽으며 일상에서 길어 올린 문제의식을 공유할 수 있는 커뮤니티인 〈들불〉을 만들었다.

두 사람은 언제 어딜 가도 자신과 다른 이들, 때로는 진절머리가 나고 때로는 위협적으로 느껴지는 타인을 만났다. 보수적인 기독교인이나 기독교 문화, 남성이나 가부장적인 문화는 피하고 싶다고 피할 수 있는 게 아니었기 때문이다. 이들은 일상 곳곳에서 자신과 너무 다른 존재를 만나며 살아갔지만, 이질적인 존재와의 관계나 만남을 '다르다'는 말로 배척하거나 일축하려 들지 않았다. 그들은 각각 한국 사회에서 살아가기 위한 자리를 만들었고, 그 자리에서 타인을 대면했다. 어쩌면 그들의 이야기가 내가 보고 겪었던 생존의 문제를 풀어 갈 단서가 될지도 모르겠다는 생각이 들었다.

그리고 돌아보니 주위에 타인과 살아가며 지혜를 길어 올린 친구들이 많다는 걸 깨달았다. 〈문탁네트워크〉의 동네에는 〈우주소년〉이라는 책방이 있다. 문닫을 뻔한 서점을 마을 장년 주민들이 모여서 출자금을 마련했고, 다시 살아난 서점을 마을에서 자란 청년들이 운영하는 곳이었다. 그 청년들 중 한 명인 현민은 장년들과 관계 맺기가 어렵다고 말하면서도 몇 년째 〈우주소년〉에서 떠나지 않았다. 친구 윤지는 프로젝트 〈그린오큐파이〉를 운영하며 다마스에 제로웨이스트숍을 차려 사람들을 만나러 다녔다. 핸드폰 터치 한 번이면 다음 날 새벽에 새 물건이 배송되는 오늘날, 고치는 것보다 사는 게 더 편리하고 저렴한 오늘날, 거리에 제로웨이스트숍 차량을 세우고 사람들을 만났다.

〈길드다〉에서 비인간 동물과 함께 사는 법을 고민하기 위해 '동물을 퀴어링!'이라는 프로그램을 열었다가 새로운 친구, 〈새벽이생추어리〉의 무모 님을 만나기도 했다. '생추어리'(sanctuary)는 오늘날 인간들의 쓸모에 따라 이용되고 죽임당하는 동물들을 구조하여, 그들이 온전히 삶을 영위할 수 있도록 돕는 곳이다. 지금 〈새벽이생추어리〉에는 종돈장에 있다가 구출된 새벽이와 실험실에 있던 잔디가 살고 있다.

　이들의 이야기는 이질적인 존재들과 함께 살아가는 이야기다. 그래서 생존에 관한 이야기이기도 하다. 나는 이들이 가진 지혜가 나의 친구에게, 나의 친구의 친구에게, 누군가의 친구일 누군가에게 보탬이 될지도 모른다고 생각했다. 이들은 모두 자신의 남다름을 부각하기보단, 자신이 처한 현실에서 다른 존재들과 함께 사는 방법을 모색하는 사람들이었다. 스스로를 멋지게 광고하고 브랜딩하는 데 에너지를 쏟기보다, 자신이 이질적인 존재들과 어떤 방식으로 만나고 있는지를 한 번 더 돌아보는 사람들이었다. 즉 울퉁불퉁한 사회의 표면 위에 튀어 오르기보단 그 안으로 침투하는 사람들이었으므로 가까이 가서 자세히 들여다보지 않으면 발견하기 어려운 사람들이었다. 누군가 이들에게 다가가기까지 기다릴 시간이 없었다. 생존-지혜는 당장 필요한 것이었으므로, 지금 내가 이들의 이야기를 담아내야겠다고 생각했다.

4.

한 번의 결심일 뿐이었는데 인터뷰 프로젝트는 많은 사람의 마음을 받으며 힘차게 굴러갔다. 기획 인터뷰는 처음이었는데도 이야기를 꺼낼 때마다 응원을 받았고, 인터뷰 내내 든든한 지원군이 되어 주었던 사진작가 지원 씨가 동행해 줬으며, 인터뷰이들에게 흔쾌히 인터뷰에 응하겠다는 대답을 받았다. 편집도 혼자 하다 보니 글에 부족한 점이 많았는데 인터뷰이가 피드백을 해주면서 교정과 교열을 봐줬고, SNS 친구들이 그 글을 읽고 응원이 가득 담긴 편지를 보내 주었다. 북드라망 김현경 편집장님이 이 원고의 가편집본을 보고 출간 제의를 해주신 건 분명 많은 사람의 마음이 이 인터뷰에 담겼기 때문일 것이다.

글은 글쓴이의 손을 떠나는 순간 자기 길을 찾아 떠난다. 그럼에도 나는 감히 바라 본다. 이 글이 누군가에게 응원이나 위로가 되기를. 그럼으로써 내가 친구들 앞에서 눈물을 훔치고, 책을 읽자고 제안하고, 꼭 끌어안는 것 말고도 또 다른 일을 할 수 있게 된 것이기를.

우리 모두의 해방을 위하여:

비인간 동물과 함께 사는 인간 동물,
<새벽이생추어리>의 무모

*

몇 년 전 SNS에서 즐겁게 진흙 놀이를 하는 돼지 영상을 발견했다. '따뜻한 햇살을 받으며 진흙 놀이를 하는 게 돼지에게 무척 행복한 일이구나', '돼지가 이런 표정도 지을 수 있구나' 처음 알았다. 책에서 읽은 공장식 축산으로 고통받는 돼지가 떠올랐다. '살면서 이런 표정을 짓는 돼지를 직접 만나 볼 수 있다면 얼마나 좋을까?' 하며 피드를 내렸다. 얼마 뒤, 피드에 또 그 돼지가 보였다. 이번에 돼지는 뭔가 열심히 먹고 있었다. '돼지는 뭘 먹고 살지?' 곰곰이 생각해 봤지만, 잡식성이라는 사실 말고는 아는 게 없었다. 좀 더 살펴보니 이 돼지는 콩을 먹는 중이었다. '돼지'와 '콩'이 한데 붙어 등장하자 두 단어 모두 낯설게 느껴졌다. 언젠가 해외에 갈 일이 생기면 이 돼지를 만나러 가야겠다는 생각이 들어서 프로필을 눌렀다. 그런데 이게 웬걸, 이 돼지는 한국에 있었다.

〈새벽이생추어리〉에 사는 돼지들의 이름은 새벽이와 잔디다. 그들을 만나고 싶은 마음에 돌봄 활동에 지원했지만, 코로나바이러스의 전염이 심각해져 불발됐다. 일 년 뒤, '동물을 퀴어링!' 세미나를 열어 세미나 원들과 함께 〈새벽이생추어리〉에 인터뷰를 요청했다. 내가 〈새벽이생추어리〉에 감명을 받아 기획한 세미나였다. 우리는 활동가에게서 대부분의 사람들이 잘 모르는 돼지의 특성, 돼지와 관계 맺는 법, 돼지의 놀라운 모습 등에 대해 들을 수 있지 않을까 기대했다. 인터뷰 자리에 나온 활동가 무모 님은 예상대로 우리에게 많은 것을 알려 줬다. 오늘날 돼지가 처한 현실, 〈새벽이생추어리〉의 의의와 노력, 돼지와 함께 지내는 법….

　그러나 인터뷰에서 인상 깊었던 건 무모 님이 가진 돼지에 대한 지식이 아니라, 돼지를 대하는 태도였다. 무모 님은 대화 중에 종종 '잘 모른다'는 말을 했다. 처음엔 우리가 불편한 질문을 했나 싶어 걱정됐는데, 계속 듣다 보니 무모 님이 대답을 피하는 게 아니라 적극적으로 답변해 주고 있다는 사실을 알게 됐다. 그리고 나는 그 말로부터 무모 님이 돼지와 어떤 마음으로 관계를 맺는지 느낄 수 있었다. 돼지의 자연스러운 삶에 대해 한국에서 이들보다 더 잘 아는 사람이 드물 텐데도 무모 님은 새벽이와 잔디를 속단하거나 판단하지 않으려고 조심했다. 상대에 대해 모르는 게 있을 수 있음을 염두에 두는 건 상대와 눈높이를 맞추고 대화하겠다는 의미이자, 함께 발을 맞추고 걸어 보겠다는 의미였다. 나는 〈새벽이생추어리〉에 사는 돼지들이 궁금한 만큼 그곳의 활동가들도 궁금해졌다.

〈새벽이생추어리〉에서 돌봄 활동을 할 기회가 왔을 때, 나는 그 기회를 꽉 잡고 반년간 〈새벽이생추어리〉에 매주 다녀왔다. 20분에 한 대씩 오는 버스를 기다렸다 1시간 20분을 타고, 내려서 15분을 걸어 다음 버스 정류장으로 이동한 뒤, 40분 정도 걸리는 버스를 한 번 더 타고 내려서 20분을 걸어가면 〈새벽이생추어리〉에 도착했다. 편도 약 3시간에 걸쳐 도착한 그곳에는 SNS 피드에서 보던 다정하고 살가운 돼지는 없었다. 특히 새벽이는 낯선 인간을 무척 경계해서 내가 근처에 있을 땐 바닥에 앉거나 눕지도 않았다. 무모 님이 연고를 발라 주기 위해 새벽이를 눕혀야 했을 때는 아예 자리를 비켜 줘야 했다. 한동안 새벽이와 나는 힘이 좋고 덩치가 거대한 위협적인 돼지, 그리고 그와 관계 맺거나 그를 돌보는 데 서툰 어리숙한 인간 사이로 지냈다.

그러나 내가 상상했던 돼지가 이곳에 없다고 낙담할 틈은 없었다. 〈새벽이생추어리〉에는 할 일이 많았다. 도착하면 가방을 대충 벗어 던지고 빠르게 장화로 갈아 신은 뒤 배고파하는 새벽이와 잔디를 위해 채식 사료와 야채, 콩, 구황 작물 등을 담은 식사를 가져다준다. 둘이 식사하는 동안엔 그릇에 물을 담고 곡식 가루와 고구마를 계량해서 섞는다. 물을 잘 먹지 않는 둘을 위해 준비하는 후식 음료다. 식사와 후식을 준 뒤엔 물조리개에 신선한 물을 가득 담아 한번 더 다녀오면 음식 배달 업무가 끝난다. 밥그릇과 후식 그릇은 김장하는 데 쓰는 양푼만 하고, 물조리개는 그 높이가 내 무릎까지 온다. 여기에 각종 야채 혹은 액체를 한가득 담고 배달 가는 일은 쉽지 않다. 가는 길이 짧지 않은 데다가 여름엔 뙤약볕 아래 진흙 길로 변하고, 겨울엔 매서운 바람이 부는 언 흙 땅으로 변하기 때문이다.

배달 업무가 끝난 뒤엔 환경 미화 업무가 시작된다. 준비물은 긴 쇠 집게와 삽, 깊은 고무 바구니. 긴 쇠 집게로는 똥을 줍는다. 겨울엔 언 땅 위에 똥이 덩그러니 놓여 있지만, 여름엔 진흙과 뒤섞여 분간하기가 쉽지 않다. 똥파리가 많이 앉아 있으면 대충 '저게 똥이겠구나' 하면서 줍는다. 삽은 흙을 파내는 데 사용한다. 오줌과 흙이 뒤섞이면 땅이 썩기 때문에 흙을 파내야 한다. 똥과 오줌이 섞인 흙을 고무 바구니에 들고 돌아와 다음 날 먹을 아침 식사를 계량해 두면 공식적인 업무는 끝난다.

이후의 추가 업무는 선택 사항인데 많은 사람들이 기꺼이 추가 업무에 시간을 낸다. 내가 가장 좋아하는 업무는 관절이 좋지 않은 잔디를 위해 마사지해 주기와 각종 풀을 주워 새벽이에게 가져다주기였다. 잔디는 이불과 지푸라기를 코와 발로 이리 밀고 저리 밀어 자신에게 꼭 맞는 잠자리를 마련한다. 한 번 누웠다가도 다시 일어나 눕는 자세를 바꾸거나 이불과 지푸라기를 재배치하기도 하고, 종종 성에 차지 않거나 너무 졸리면 성질을 부리기도 한다. 처음 마사지를 해주었던 날엔 잔디가 누울 자리를 잡기까지 10분을 기다렸다. 어디를 마사지해 주면 좋을지 몰라서 조심스럽게 등과 다리를 탐색하듯 만지다가, 이윽고 뼈를 따라 관절을 길게 쓰다듬고 중간중간 동그랗게 어루만져 주었다. 단단한 살의 질감과 거친 피부만 보고 세게 힘을 주었더니 잔디가 놀라 몸을 들썩였다. 강도를 낮추고 손바닥으로 힘을 분산시켜서 만져 주었더니 꽤 만족스러워하는 눈치였다. 잠시 뒤 잔디는 잠이 들었고 20분이 넘도록 '쌔근쌔근', '고오오옹', '쿵킁' 하는 다양한 소리를 내며 숙면에 들었다.

잔디를 마사지해 주며 가장 먼저 느꼈던 건 내가 살아 있는 돼지의 피부, 근육, 관절, 뼈를 만지고 있다는 놀라움이었다. 그동안 내가 봤던 돼지의 신체는 부위별 이름이 적힌 돼지고기 그림이었는데, 그 그림 어디에도 돼지가 이렇게 단단한 갑옷이나 말랑이는 근육과 관절을 가지고 있다는 정보는 없었다. 자세히 보면 피부 표면이 잔뜩 갈라져 있다거나 갈색 털 사이에 검은색 털이 한두 개씩 자란다는 사실도 말이다. 그러다 문득 부끄러운 마음이 올라왔다. '돼지고기 그림으로 돼지를 알고 있었던 나 같은 인간 앞에서 잔디가 이토록 마음 놓고 자고 있다니.' 미안해서 어쩔 줄 모르겠는 마음과 고마운 마음이 교차했다.

처음 무모 님이 새벽이에게 낙엽을 주던 날도 기억난다. 내 허리까지 오는 포대 자루 3개에 겨울 동안 잘 마른 낙엽을 꾹꾹 눌러 가득 채웠다. 먼지를 잔뜩 뒤집어쓴 채 포대 자루를 무모 님에게 건넸고, 무모 님은 넘겨받은 포대 자루 중 2개를 새벽이 집에 탈탈 털며 부어 주었다. '참참참' 새벽이가 낙엽을 어찌나 맛있게 먹던지, 보고 있는 사람들까지도 낙엽 맛이 궁금해질 지경이었다. 새벽이는 그 많던 낙엽을 흔적도 없이 다 먹어 치웠다. 늦겨울, 떨어지는 해를 정면으로 마주한 돼지가 털을 붉게 빛내며 붉은 낙엽을 맛있게 먹는 광경이 아름다워서 다 같이 한참을 바라만 보았다. 문득 이 사회에서 돼지가 햇빛을 받으며 널찍한 공간에 네 발로 서서 산과 들의 풀을 먹는 것이 거의 불가능에 가까운 일이라는 사실을 깨달았다. 귀하고 멋진 풍광에 감탄하면서도 마음이 아렸다.

혼자 일을 할 수 있게 될 때까지 석 달이 넘게 걸렸고 새벽이, 잔디와 서로에게 낯설기만 한 존재가 아니게 되는 데에는 반년이 걸렸다. 이 시간 동안 책에서 읽은 것과 비교도 되지 않을 정도로 많은 것을 배웠는데 나의 선생님은 새벽이와 잔디이기도 했지만 활동가들이기도 했다. 돼지와 인간이 서로에게 위협적이고 낯선 존재일 수밖에 없는 오늘날, 활동가들은 돼지와 인간이 어떻게 하면 서로를 조금씩 받아들일 수 있는지 몸소 보여 줬다.

나는 활동가들의 행동을 관찰하며 조금씩 따라 했다. 새벽이에게 직접 음식을 줄 때 너무 여유를 부리면 날카로운 이빨에 긁혀 다칠 수 있고, 급하게 손을 빼면 새벽이가 불안해할 수 있다. 무모 님은 부드럽고 우아한 템포로 새벽이에게 풀을 건넸다. 그 손길을 따라 했더니 나도 새벽이에게 직접 풀을 줄 수 있었고, 그때만큼은 가까운 거리에서 눈을 맞추며 서로의 냄새를 맡을 수 있었다.

어떤 활동가는 스스럼없이 잔디를 쓰다듬으며 장난스럽게 애정을 표현했다. 자기주장이 강한 잔디를 어떻게 대해야 좋을지 몰라 한동안 멀찍이 떨어져 지냈는데, 그 활동가를 보고 따라 하며 조금씩 가까이 다가갈 수 있었다. "좐디~"라고 부르며 끊임없이 말을 걸고 쫓아다니자 언젠가부터 잔디는 묵묵히 내 장난을 받아 주었다.

내게 활동가들이 좋은 선생님이었듯, 활동가들 역시 서로를 선생님으로 여겼다. 변하는 날씨와 상황 때문에 새벽이와 잔디는 계속해서 새로운 상황에 놓인다. 활동가들은 매일 자신의 활동을 꼼꼼하게 일지로 남기고, 주말마다 모여 그동안 있었던 일을 나누며 새벽이와 잔디의 변화에 대해 논의한다. 새벽이와 잔디가 좋아하는 풀이 무엇이고 어디에 많이 나는지, 오늘은 누가 다리를 절었고 어떤 대처가 필요할지, 땅의 어디가 썩거나 얼었으며 어떻게 하면 좋을지, 날씨에 맞춰 한 집 보수에 대한 반응은 어땠는지… 활동가들의 지혜는 아마도 서로에게 의지함으로써 나오는 것일 터이다.

6개월이 지나자 잔디는 나에게 좀 더 짓궂게 굴었다. 코로

흙을 잔뜩 파헤치는 놀이를 하고 난 뒤에 내 청바지에 코를 쓱 닦고 가고, 더운 여름날에는 옆구리를 조금만 만져 줘도 옆으로 벌러덩 드러누웠다. 새벽이는 내가 근처에 있어도 흥분하지 않았으며, 울타리를 넘어 집 안에 들어가도 개의치 않고 편안하게 자기 할 일에 열중했다. 여전히 나는 잔디의 기분을 정확하게 알 수 없고 새벽이를 가까이에서 만질 수 없지만, 아무렴 어떤가. 우리는 더 이상 서로의 존재만으로도 겁을 먹고 위협하는 돼지, 덜덜덜 떠는 어리숙한 인간이 아니다. 나는 그것만으로도 만족한다.

반년간의 돌봄 활동 덕분에 일전에 했던 인터뷰와는 전혀 다른 질문을 준비해 갈 수 있었다. 무모 님은 어쩌다 돼지의 생명을 온전히 책임지는 일에 동참하게 되었을까? 나와 비교도 할 수 없을 만큼 친숙하게 새벽이와 잔디를 대하는 무모 님은 어떻게 돼지를 만나고 있을까? 오늘날 인간과 비인간 동물이 함께 살아가는 건 가능할까?

무모 님과 인터뷰를 하기로 한 날, 우리는 〈새벽이생추어리〉에서 만나기로 했다. 아침 돌봄을 거의 끝마친 무모 님이 보였다. 뜨거워진 여름 햇볕에 새벽이의 피부가 다치지 않게 황토를 발라 주고 있었다. 잔디는 이미 밥을 다 먹고 집에서 자는 중이었다. 무모 님의 일을 조금 돕고 새벽이, 잔디와 인사를 한 뒤에 인근의 한적한 곳으로 장소를 옮겼다.

새벽이와 잔디는 바랭이를 좋아해

사실 〈새벽이생추어리〉 이름을 처음 봤을 때 상추와 관련된 곳인 줄 알았어요. '상추? 풀과 동물이 함께 사는 곳인가?'

무모 상추요? (웃음) 처음 들어봤어요. 신박하다. 생추어리*는 영어 단어 Sanctuary예요. 사전적인 의미로는 피난처, 안식처라는 뜻이죠. 저희는 피해받고 고통받고 죽임을 당할 위기에 놓여 있었던 동물들이 안식을 찾아 지낼 수 있는 곳이라고 정의해요. 동물들의 낙원이나 유토피아는 아니지만, 적어도 동물 해방 세상을 꿈꾸고 상상할 수 있는 곳이죠.

〈새벽이생추어리〉가 국내 1호 생추어리가 맞을까요? 최근에 '소 생추어리'도 생길 거라고 들었어요.**

무모 생추어리 시설이 있다는 얘기를 들어본 적이 없어서 1호라고 추정하고 있어요. 생추어리가 점점 더 생겨나니까 좋은 것 같아요. 지자체에서 곰 생추어리를 짓는 대규모 프로젝트도 진

---

* 생추어리는 사전적인 의미로 '보호구역', '피난처', '안식처'를 뜻한다. 공장식 축산, 동물 실험 등 종차별주의(speciesism) 산업의 피해 생존 동물들이 억압과 폭력에서 벗어나 평생을 살아갈 수 있도록 적절한 돌봄을 제공하는 공간을 의미한다.

** 인터뷰하는 시점에 만들어지고 있었던 소 생추어리 〈달뜨는보금자리〉(@newmoon. sanctuary)에는 2022년 11월 10일, 〈동물해방물결〉이 시민 모금을 통해 구조한 '꽃풀소' 다섯이 입주했다. 추가 시설 정비 후 2023년 4월 현재 정식 개관을 준비하고 있다.

행 중인 걸로 알고 있어요.

〈새벽이생추어리〉는 지자체의 지원을 받거나 대규모 골격을 가진 프로젝트로 시작된 건 아니었나요?

무모 전혀 그렇지 않았고, 오히려 아무것도 없었던 상태에서 시작됐다고 하는 게 맞을 것 같아요. 활동가들의 열의와 새벽이가 있었고요. 건립을 위한 후원금을 받으면서 초기 활동가들이 땅을 열심히 알아보고 다녔어요.

활동가 분들과 새벽이는 어떻게 만나게 됐는지 궁금해요.

무모 새벽이는 2019년 'DxE 코리아'* 활동가들이 아시아 최초로 공개 구조한 농장 동물이에요. 새벽에 종돈장에 들어가서 당시 생후 2주 차이던 아기 돼지를 구조해 왔는데요. 구조한 새벽이를 맡을 곳이 예정되어 있었는데 예상치 못하게 무산되면서 갈 곳이 없어졌어요. 새벽이가 활동가의 집에서 실내 생활을 하면서 〈새벽이생추어리〉 프로젝트가 시작됐어요. 지금의 땅을 구하고, 울타리나 안방 시설 등을 갖추고, 정비 작업을 하며 땅속 쓰레기도 다 골라냈죠. 그런 다음에 새벽이가 들어왔어요. 초기

---

* 'Direct Action Everywhere'. 한 세대 안에 동물 해방을 이루기 위해 행동하는 전 지구적인 풀뿌리 동물권 활동가들의 네트워크. (@dxekorea)

에는 운영 활동가들만 돌봄을 하다가, 현장 돌봄 활동가들을 구하고 교육하게 된 때는 2020년 7~8월이에요.

지금 〈새벽이생추어리〉에는 누가 살고 있나요?

무모 돼지 새벽이와 잔디가 살고 있어요. 잔디의 존재를 처음 알게 된 건 2020년 가을이었어요. 새벽이가 다니던 병원이 있었는데 그 병원에서 연락을 받았어요. 의약 회사 실험실에 있던 돼지가 탈출하려다가 쓰러지는 기구에 맞아서 머리를 크게 다쳤다고요. 병원에서 잔디를 치료하고 있었는데, 아마 그 회사에 할당된 예산이 있었겠죠? 수술하고 나서도 빨리 회복이 안 되니까 안락사시켜 달라는 요구를 받았다고, 데려가 줄 수 있냐고 하시는 거예요. 그래서 잔디가 〈새벽이생추어리〉에 함께하게 되었어요. 기력을 회복할 때까지 실내 생활을 하다가 2021년 2월에 〈새벽이생추어리〉에 왔죠. 어느 정도 체력을 회복하고 이빨도 튼튼해진 상태였어요.

설립 초기에는 한국에 전례 없는 '생추어리'라는 곳을 꾸려 가기에도, 그곳에서 거주하게 된 첫 돼지 새벽이와 관계를 쌓기에도 정신 없는 시간이었을 것 같은데요. 그 와중에 어떻게 잔디와 함께해야겠다고 마음먹게 되었나요?

무모 요즘도 간간이 외부에서 새로 동물을 들일 수 없는지 문의

를 받곤 해요. 그럴 때마다 "생추어리에선 동물의 평생을 책임져야 한다. 책임감 있는 결정을 위해서 현재 〈새벽이생추어리〉에 새로운 동물은 받아들이기 어렵다"는 대답을 드리고 있어요. 그런데 잔디가 올 당시에는 기준이라든가, 고려할 조건이 아직 없었어요. 잔디를 구조하게 된 것도 갑자기 벌어진 일이었고요. 그렇지만 이미 잔디라는 존재를 알아 버렸고 데려오기로 한 이상 그것을 되돌리자고 말할 사람은 아무도 없었죠.

어떤 소중한 일들은 예기치 못한 사건에서 시작되기도 하니까요.

무모 굉장히 감사한 일이라고 생각하고 있어요. (웃음)

새벽이와 잔디는 어떤 돼지인가요?

무모 둘 다 맛있는 걸 좋아해요. 사과나 수박, 참외처럼 단맛이 나는 과일을 좋아하고요. 고구마, 감자, 단호박 같은 구황 작물도 좋아해요. 요즘에 여름이라 풀이 무성히 자라잖아요. 그래서 풀을 뜯어 먹는 것도 즐겨요. 먹는 풀이 몇 종류 있어요. 환삼덩굴이랑 단풍잎돼지풀, 길쭉길쭉한 바랭이를 잘 먹더라고요.

또 날씨가 더우니까 진흙 목욕 하는 것도 좋아하는데, 새벽이는 물에 몸을 담근 채 한참을 있기도 해요. 잔디는 원래 축축한 게 몸에 닿는 걸 싫어해서 잘 안 하다가 요즘 날씨가 더워지니까 스스로 진흙 목욕을 하더라고요. 땅 위에 풀이 별로 없는 계절이 있잖아요. 가을, 겨울 동안에는 코로 흙을 파는 '루팅'(rooting)을 즐겨요. 놀이처럼 흙을 파기도 하고, 흙 안에 뭐가 있는지 냄새를 맡으면서 풀뿌리 같은 것을 뜯어 먹기도 하고요. 둘 다 배 마사지를 받는 거 좋아하죠. '쓱쓱쓱쓱' 만져 주면 '털썩' 옆으로 눕기도 해요. 해외 생추어리 자료를 보면 거기 돼지들도 배 긁어 주는 걸 좋아한다고 하던데, 돼지 모두에게 공통되나 봐요. 가려울 때는 나무 기둥 같은 데 긁는데, 저희가 긁어 줘도 시원해해요. 특히 잔디는 빗질해 주면 그렇게 좋아하더라고요.

차이점도 있어요. 많은 분들이 새벽이나 잔디를 직접 보지 않으니까 구분을 잘 못하시는 것 같아요. 근데 실제로 보면 체격 차이가 너무나 크잖아요. 인간 중 장신이라고 하면 보통 180cm 이상을 말하는데, 새벽이는 옆으로 누웠을 때 거의 그 정도 체격이고요. 잔디는 몸길이가 100cm 정도, 몸무게도 새벽이가 잔디보다 4~5배 더 나가요. 또 잔디는 추위를 잘 타요. 겨울에 자주 떨어서 집에 보온 물주머니를 넣어 줘요. 잔디 종이 따뜻한 나라에서 와서 그런가 봐요. 새벽이는 추위에 강해요. 그래서 반대로 새벽이가 더위에 약한 걸 수도 있어요. 둘이 입맛도 조금씩 다른데 작년에 주키니 호박을 줬을 때 새벽이는 잘 먹는데 잔디는 안 먹고 남기더라고요. 근데 입맛은 또 변하기도 해요.

아시다시피 새벽이는 처음 보는 인간이 있으면 굉장히 경계하고 울타리에 '쿵' 하면서 내쫓으려고 하는 반면 잔디는 그런 행동을 보이지 않아요. 그래서 [인간에 대한 감정을 잘 드러내지 않는] 잔디가 누굴 가장 좋아하는지 그 친밀함을 가늠하기가 쉽지 않기도 해요. 오히려 새벽이는 일단 관계를 맺고 나면 무던한 면이 있어요. 너그럽고 차분한 면이 있는데 잔디는 [자기 취향에 대한] 호불호가 강한 성격이다 보니까 요구하고 싶은 게 있으면 가까이 와서 '응응', '끙끙' 요구한다든가, 귀찮은 걸 하려고 하면 싫다고 해요. 새벽이는 가끔 잘 참아 줄 때도 있거든요. 이게 100% 맞지 않을 수도 있지만, 그래도 이렇게 설명하면 어느 정도 둘의 개별적인 모습이 그려지지 않을까 싶네요.

기저에 있는 연대의 마음

〈새벽이생추어리〉의 운영 활동가들은 어떤 일을 하고 계세요?
무모 단체를 운영하는 활동가를 '새생이'라고 하는데요. 새생이는 〈새벽이생추어리〉가 단체로 기능할 수 있도록 해요. 현재는 교육팀, 소통팀, 운영팀, 돌봄팀, 학술팀 이렇게 있는데 인원이 적어서 사람 수와 팀 수가 역전되기 시작했어요. 작은 단체이지만 돌아보면 일이 참 많아요. (웃음)

〈새벽이생추어리〉가 유지되고 운영되기 위해서 운영 활동가들의 일 외에 또 어떤 것들이 필요할까요?

무모 〈새벽이생추어리〉를 함께 꾸려 나가는 사람들로는 '새생이' 외에도 '보듬이', '매생이'가 있어요. 새생이는 운영 활동가고, 보듬이는 돌봄 활동을 하는 활동가, 매생이는 매일 또는 매월 〈새벽이생추어리〉를 응원해 주는 후원 활동가예요. 물리적으로는 땅도 필요하고 안방이나 울타리 같은 시설, 전기·수도 시설, 음식을 보관하고 다듬는 장소와 이것을 갖추기 위해서 돈도 있어야겠죠. 또 그것만 있어서 되는 것은 아니고요. 장기적으로 〈새벽이생추어리〉를 지속 가능하게 운영하기 위해서 무엇이 필요한지 계속 고민하는 것도 필요해요.

예를 들면 몇 년 뒤에 이사 갈 것인지도 생각해 봐야 하거든요. 저희가 생추어리라고는 하지만, 지금 있는 땅이 그렇게 넓지 않아요. 미국이나 캐나다에 있는 생추어리와 비교했을 때 확실히 좁은 편이죠. 외국 생추어리에서처럼 마음껏 언덕 하나를 뛰어다닐 수 있는 것도 아니잖아요. 어떻게 보면 한정된 공간에 갇혀 있는 거예요. 습성에 맞게 지낼 수 있도록 환경을 최대한 조성하고 있지만, 그럼에도 부족한 점이 있을 수밖에 없어요.

〈새벽이생추어리〉에 필요한 것 중 무형의 것들도 있을까요?

무모 새생이와 보듬이와 매생이가, 비인간 동물과 인간 동물이 함께 관계를 맺어 나가는 것, 그리고 그 관계에서 생겨나는 생각들, 감정들도 굉장히 중요해요. 그것을 글이나 사진, 영상으로 남겨서 외부에 생추어리를 알리는 데 쓸 수도 있겠고요.

그리고 무엇보다 이렇게 사람이 모이고 의지가 모이고 계속 굴러가게 만드는 기저에는 연대의 마음이 있는 것 같아요. 새벽이와 잔디를 위해서 또는 동물 해방을 위해서 비인간 동물과 연대하려는 마음, 그 마음이 있어서 이것들이 다 가능하지 않은가 싶어요.

〈새벽이생추어리〉가 운영되기 위해 이렇게까지 많은 것들이 필요하군요. 그런데 왜 외부에 〈새벽이생추어리〉를 알리려는 노력이 중요한가요? 생추어리는 구조된 위기의 동물들이 생을 살아가는 곳이라고 하셨잖아요.

무모　교육하고 알리는 일도 〈새벽이생추어리〉의 중요한 미션 중에 하나예요. 저희는 동물권 단체이고, 이 사회를 동물 해방 세상에 가까워지게 만들고자 하는 방향성과 의지를 갖고 있어요. 그래서 사람들을 변화시키는 일을 소홀히 하지 않으려고 노력하고 있죠. 사실 새벽이와 잔디만 잘 돌보면 마음도 편하고 좋은데요. 그렇게 하면 계속 도돌이표겠죠. 동물 보호만 하는 보호 시설과 크게 다르지 않을 것이고요. 물론 새벽이와 잔디의 생존도 중요하지만, 이들의 생존이 의미하는 바가 더 넓게 퍼져

나갔으면 해요.

SNS에 게시물을 올릴 때 '새벽이나 잔디를 보면서 이 땅에 살고 있는 수많은 돼지, 고통받는 비인간 동물을 떠올려 달라'고 적거든요. 새벽이는 사실 특별한 돼지가 아니에요. 새벽이만 특별해야 할 이유는 없잖아요. 몇천만 단위로 매년 죽임을 당하는 농장 동물과 같은 동물이고요. 또 잔디처럼 실험실, 연구실에서 고통받다 죽임당하는 동물이 정말 많다고 들었거든요. 전시 동물도 마찬가지고요. 그런 동물들을 더 많이 생각하고 기억할 수 있기를, 그들의 해방을 위해서 인간 동물들이 뭐라도 할 수 있기를 바라고 있어요. 그래서 저희는 새벽이와 잔디가 누구보다도 강력한 동물권 활동가라고 소개하고 있어요. 물론 인간이 떠드는 것도 영향력이 있을 수 있겠지만, 새벽이와 잔디가 살아내는 삶 자체가 강력한 힘을 발휘할 수 있거든요.

여기서 새벽이 응가를 푸고 있을 줄이야

작년 2021년에 무모 님 혼자 상근 활동가라고 들었는데 여전히 혼자이신지요.

무모 네 지금도 한 명이에요. 하지만 곧 두 명 혹은 그 이상이 되려고 계획 중이에요. 저만 상근이라고 해서 나머지가 다 무급으로 일하는 건 아니고요. 올해[2022년] 3월부터는 다른 새생이들도 반 상근 정도의 활동비를 받고 있어요. 사람이 계속 줄다 보니까 아무래도 활동비를 받지 않고는 계속 같이하기가 힘들겠더라고요.

재정적으로 안정되고 있는 걸까요?

무모 1년, 2년 전과 비교했을 때 훨씬 안정되고 있어요. 돈이 더 많으면 좋겠지만, 그래도 저희는 매생이 분들이 십시일반 모아주신 돈으로 꾸려 가고 있거든요. 달에 5천 원, 1만 원, 2만 원, 3만 원. 이렇게 모아 주신 돈이 쌓이고 쌓여서 단체가 굴러가고 있어요. 그래서 더 의미가 크고 소중해요. 얼마 전에 새벽이 생일이라고 후원 릴레이 이벤트를 했는데, 타고 타고 릴레이가 계속 이어졌어요. 지목받으신 분들이 기쁘고 반갑게 참여해 주시는 걸 보면서도 '십시일반 모이고 있구나' 하는 생각을 했죠.

너무 좋네요. 돈을 엄청 잘 벌거나 안정적인 위치에 있는 분들도 계시겠지만, 제가 보듬이 활동하며 만난 분들 대부분은 제 또래거나 10대, 20대셨어요. 제 주변에서 관심 갖는 사람들 연령대도 비슷하고요. 근데 그런 사람들한테 5천 원, 1만 원, 2만 원이 그렇게 적은 돈은 아니잖아요. 무모 님 얘기를 듣다 보니까 그걸 받는다는 것만으로도 풍성한 느낌이 나는 것 같아요.

무모 맞아요. 너무 소중하니까 예전엔 그렇게 생각했어요. '이 소중한 후원금을 써도 될까?' 지금은 단체를 위해서 도움이 된다면, 지속 가능하게 하는 데 도움이 된다면 잘 쓰는 게 좋은 거라고 생각하고 있어요.

무모 님은 어느 시점에 상근 활동가가 되셨나요?

무모 활동한 지 1년쯤 됐을 때인 것 같아요. 2020년 8월에 처음 들어와서 그 해 끝날 때까지는 직장 생활이랑 병행했어요. 틈틈이 시간을 쪼개서 활동했지요. 2021년에는 직장을 나와서 6개월을 지냈어요. 실업급여가 끝나 갈 즘에 상근자 논의가 나와서 타이밍이 맞았죠. 상황적으로 시간을 온전히 낼 수 있고, 장기적으로도 활동할 의지가 있는 사람이 저였어요. 그래서 2021년 8월부터 상근자가 됐어요.

처음에는 자료 번역 같은 일에 손을 보탠다는 가벼운 마음으로 들어왔거든요. 그런데 연대의 마음으로 시작했다 보니까 뭐랄까, 일반적인 봉사활동과 달랐던 것 같아요. 직장에서 돈 버는 일은 재미가 없는데 여기서 돈 안 버는 일을 하면서는 삶의 활력을 얻는 거예요. 그때가 단체가 만들어진 지 얼마 안 됐을 때였고 토대를 잡아 가는 중이었어요. 체계가 갖춰져 있어서 저 하나 빠진다고 휘청휘청하지 않을 것 같았다면 잘 모르겠지만… 점점 한 발 한 발 깊게 내딛게 되었어요. 동료 새생이들이

"같이 해보지 않을래?" 하면서 점점 끌어들였죠.

연말이 넘어 가면서 운영팀에 합류해서 단체의 구조라든가 조직에 대해서 같이 고민해 보게 됐어요. 당시 현장팀이 따로 있어서 현장팀만 돌봄을 맡았는데, 세 명이 일주일을 책임지는 게 지속 가능하지 않았어요. 숙소 구하기 전이었으니까, 집에서 왔다 갔다 주 3회를 오가는 거죠. "새생이가 다 같이 돌봄에 참여하자"는 말에 동의가 되더라고요. 생추어리인데 새생이가 현장에 한 번도 가지 않는다는 건 좀 괴리가 있는 것 같았어요. 그래서 저도 현장 돌봄에 투입되면서 새벽이, 잔디랑 더 가까이에서 관계를 맺게 됐고 생추어리의 의미를 더 체감하게 됐어요.

〈새벽이생추어리〉에 점점 깊이 들어오게 되셨는데, 그 과정에서 〈새벽이생추어리〉에 대한 무모 님의 생각에 변화가 있었을까요?

무모 변화가 큰 것 같아요. 우스갯소리로 2020년 연말에 "나는 1년 전까지 〈새벽이생추어리〉도 잘 몰랐고 여기 와서 새벽이 응가를 푸고 있을 줄은 상상도 못했네"라고 얘기했었는데요. 2021년 연말에는 "나 여기서 상근자 하고 있을지 생각도 못했는데" 했죠. 1년, 1년 갈수록 제가 상상도 못했던 변화를 겪게 되더라고요.

사실 너무 복잡하고 사건이 많이 터져서 어떤 변화가 있었는지 한마디로 정리할 수가 없어요. 왜냐면 한국에 생추어리라는 게 생소하고 저희가 거의 처음 시도하는 거였으니까요. 개척하듯이 직접 부딪혀 가는 과정이라 그런지 시행착오가 많았어요. 막막함도 있고 불안정함도 있고요. 그런 상태에서 동료나 사람 사이의 관계도 계속 변하고, 새벽이·잔디와의 관계에도 변화가 있었어요.

지금 상태를 말하자면 〈새벽이생추어리〉는 저의 일터고요. 근데 특이한 점은 제 일터에 와서 사람들이 너무 좋다고 해주는 거예요. 일반 직장 다닐 때 그런 경험 하기 어렵잖아요. 특별한 가치를 지닌 공간이다 보니까 오고 싶어 하는 분들도 많고, 새벽이·잔디라는 존재의 소중함을 알아주시는 분들도 많이 생기고 있어요. 그러니까 〈새벽이생추어리〉는 저에게 일상과 맞닿아 있는 일터, 삶터인 동시에 소중한 가치를 지닌 장소예요. 물론 스트레스도 있죠. 더 잘하고 싶은데 잘 안 되는 것도 있으니까요. 현재는 위치가 노출되지 않을까, 보안에 굉장히 신경을 쓰고 있어요.

도처에 잠재되어 있는 위험

〈새벽이생추어리〉 위치가 노출되지 않도록 신경 쓰는 건 생추어리를 비난하는 사람들에게 공격받을 수 있기 때문이기도 하지만, 예

방적 살처분 때문이기도 하죠? 돌봄 활동할 때 일부 지역을 방문한 사람들은 〈새벽이생추어리〉 방문을 자제해 달라는 문자를 받았던 기억이 나요.

무모 한국엔 아직 예방적 살처분 정책이 있어서 목숨이 위태로 워질 수 있기 때문에 새벽이와 잔디의 위치를 알리지 않는 것 도 있죠. 근래에 아프리카돼지열병(ASF)이 전국적으로 퍼졌어 요. 그건 아직 백신도 없고, 걸리면 즉각적으로 삶이 위태로울 수 있는 전염병이에요. 물론 걸리지 않게 신경 써야겠지만, 주변 에서 발병했을 때 살처분 명령이 내려질 수도 있잖아요. 목숨을 영위하기가 쉽지 않은 상황이에요. 위험이 항상 잠재되어 있어 요.

근데 이것도 의료 시설이나 의료 체계가 인간을 중심으로 잡혀 있기 때문이 아닌가 싶기도 해요. 코로나 백신 치료제는 그렇게 단시간에 개발됐는데, 이런 '가축'종의 전염병은 치료제 개발이 느린 것 같아요. 그냥 살처분하면 땡인 건가 싶기도 하고요.

〈새벽이생추어리〉를 꾸리면서 '이런 것까지 필요할 줄은 몰랐다' 싶 은 게 있으셨는지 궁금해요. 저는 처음 〈새벽이생추어리〉에 갔을 때 '왜 여기 물조리개가 있지?'라고 생각했어요. 〈새벽이생추어리〉의 공간이 인간에겐 꽤 넓고 호스를 자유롭게 옮기기 어려운데 물 쓸 일은 많잖아요. 잔디와 새벽이가 물을 마셔야 되고, 물에 고구마랑

미강 가루를 섞어서 주기도 해야 되고, 더운 여름날엔 물로 씻기도 하고요. 보듬이 활동하면서 '물이 다양한 방식으로 쓰이고 있고 그 중 하나가 물조리개로 운반되고 있구나' 하고 알게 되었어요.

무모 그런 건 되게 많아요. 이런 사소하고 구구절절한 걸 얘기하는 게 맞는가 싶기도 한데. (웃음) 물 하시니까 EM 발효액이 생각났어요. 잔디 집에 오줌이 고이면서 물웅덩이가 생기고 썩잖아요. 썩으면 냄새가 나고, 파리가 꼬이고, 위생에도 안 좋으니까 정화할 방법을 찾을 때 나온 게 EM 용액이에요. 숙소에서 새 생이들이 밥해 먹을 때 나온 쌀뜨물을 모아요. 그리고 쌀뜨물에다가 구입한 EM 원액과 당밀을 넣고 냉장고 위에 2주 놔두면서 발효시켜요. 발효 용액을 불려 나가야지 더 싸게 마련할 수 있으니까요. 그걸 하면서 '앗 내가 이런 것도!' 라는 생각을 했죠. 또 새벽이 귀 뒷면이 햇빛에 잘 타니까 선크림 재료를 알아봤어요. 인간 제품은 혹시 돼지에게 안 좋을 수도 있으니까요. 천연으로 만드는 선크림 제조법을 찾고, 재료를 하나하나 구매하고 만들어서 발라 주기도 했어요. 돼지한테 뭐가 좋고 안 좋은지 찾아보는 데 어려움이 있었죠. '이걸 써도 되나? 반려동물용으로 나온 건데 돼지한테 적용해도 되는 걸까?'

아무래도 정보가 너무 없어서 그런 거겠죠?

무모 그렇죠. 새벽이 눈 상태가 안 좋아서 안약을 구하려고 했는데요. 개, 고양이한테 넣는 안약은 쉽게 구할 수 있더라고요. 근데 거기 보면 주의 사항에 '식용 동물에게는 사용하지 말 것'이라고 쓰여 있어요. 소나 돼지, 닭을 말하는 것 같은데 '농장 동물'도 아니고 '식용 동물'이라고 하니까 이상한 거예요. "왜 쓰면 안 돼요?"라고 여쭤 봤는데 "아마 그런 동물들한테 사용했던 데이터가 없어서 그럴 거다"라고 하시더라고요. 이것도 어떻게 보면 단단한 종차별이죠. 물론 사람 걸 구하기가 제일 편하지만, 그래도 개, 고양이를 위한 약품은 상대적으로 구하기 쉬운데 돼지를 위한 건 정말 구하기 어려워요.

'식용 동물'이라 쓰여 있다니···. 소, 돼지, 이런 동물들을 그냥 바로 '식용 동물'이라고 해 버리는 게 충격적이네요. 그들이 인간에게 먹히는 것 외에 다른 삶을 살 수도 있을 거란 생각을 안 하는 거잖아요.
무모   정말 그렇게 쓰여 있었어요. 종에 따라서 정해져 있는 거죠.

그 얘기도 들어보고 싶어요. 새벽이랑 잔디가 식단 관리를 하잖아요.
무모   개변된 돼지종이기 때문에 살이 너무 쉽게 찌게 되어 있어요. 체중이 늘어나면 다리 관절이 버틸 수 없기 때문에 건강에 이상이 생길 수 있고요. 그래서 나이를 먹을수록 관절염이 흔하게 발생한대요. 다리 관절이 체중을 온전히 지탱하지 못하기 때문인데, 그러한 위험을 막기 위해서라도 식단 관리에 항상 신경을 써야 돼요. 새벽이와 잔디가 야생에서 살아갈 수 있는 종이 아니다 보니까, 면역 체계 같은 게 발달되지 않아서 일정 부분 약품의 도움도 필요한 것 같아요.

비인간 동물을 온몸으로 만나는 시간

무모 님이 새벽이나 잔디를 만날 때 주로 어떤 감정이 드시는지 궁금해요.

무모 그러게요. 뭘까? 어떤 감정일까? 일단은 자주 만나는 사이니까요. 항상 반갑거나 기쁘거나 그렇진 않아요. (웃음) 익숙함이 있는 것 같아요. 하지만 같이 사는 인간 동물만큼 친근함은 없죠. 눈빛만 봐도 무슨 생각하는지 알 수 있는 사이까지는 아직 못 왔어요. 새벽이가 무슨 생각하는지, 어떤 감정을 가지고 있는지 완전히 파악하지 못해요. 잔디도 마찬가지고요. 항상 해소되지 않는 낯섦을 가진 채로 만나는 것 같아요. 그래도 친해지려고 노력하죠. 계속 가까이 다가가서 관계를 쌓아 왔고요. 보셨듯이 황토도 발라 주고, 어디 다친 데 있으면 약도 뿌려 주고, 눈곱도 떼어 주고, 그렇게 할 수 있게 되기까지도 시간이 많이 필요했어요. 곁을 내줘서 고맙다고 생각하죠.

다른 새생이가 해준 말이 있는데요. 작년 이맘때쯤에는 새벽이가 지금의 작은 마당에서 지내면서 넓은 앞뜰로 산책을 나오곤 했어요. 근데 주변 상황상 산책을 할 수 있는 시간이 정해져 있었어요. 여름이 되니까 산책할 수 있는 시간이 점점 줄어들어서, 산책을 못 보내는 게 너무 신경 쓰이는 거예요. 새벽이한테는 당시의 그 집이 좁은 공간일 테니까요. '종일 그 안에만 있으면 얼마나 갑갑할까' 마음이 쓰여서 제가 하루는 새벽 5시 반에 가서 산책시켰어요. 갑갑할까 봐 너무 해주고 싶어서요. 다른 새생이가 그걸 보고 제가 아빠 같다고 하더라고요. 그 새생이의 아빠가 반려견에게 바깥 산책을 시켜 주기 위해 하루에 세 번을 나가신대요. 그 말을 듣고 '내 마음이 그런 마음인가?' 했던 적이 있어요.

잔디나 새벽이랑 같이 보냈던 시간 중에서 특히 기억에 남는 시간이 있으세요?

무모　지난겨울에 새벽이 발바닥이 갈라진 걸 발견한 뒤로 약을 발라 주러 다녔거든요. 낮과 밤, 하루에 두 번 챙겨 줘야 했어요. 근데 새벽이한테 가까이 갈 수 있는 사람이 몇 없다 보니까 저랑 다른 새생이 두 명이 나눠서 했죠. 돌봄 시간이 아닐 때 그렇게 자주 간 게 처음이었어요. 편안하게 자는 새벽이를 본 것도 좋았고, 시간을 더 내서 돌봄을 하니까 더 친밀해진 것도 좋았고요. 사실 시간을 그렇게 많이 들여야 한다는 게 쉽지 않은 일이지만, 덕분에 책임감 있는 돌봄에 대해서 더 많이 생각하게 된 것 같아요.

잔디랑은 해가 넘어가는 날 밤에 같이 잤거든요. 제가 저녁 돌봄과 그다음 날 아침 돌봄이기도 했지만, 뭔가 그 마지막 밤을 기념하고 싶었나 봐요. 그리고 잔디가 추위를 잘 타니까 얼마나 추운지도 한번 겪어 보고 싶었어요. 그때가 아침 영하 17도, 거의 추위의 피크를 찍었던 때거든요. 잔디가 추위하지 않을까 이불을 덮어 줬어요. 저는 덜덜 떨면서 잠을 거의 못 잤고요. 얼마나 추운지를 직접 경험해 보고 나니까 어느 정도로 따뜻하게 해 줘야 되는구나 알 수 있어서 의미가 있었던 하룻밤이었어요.

새벽이와 잔디를 몸으로 만나는 시간이었을 것 같아요. 새벽이나 잔디에 대한 생각이나 경험, 감정들이 다른 비인간 동물에게로 확장되기도 하셨나요?

무모 아무래도 그렇죠. 저는 새벽이를 만나기 전까지 동물과 단절된 삶을 살아가는 인간이었거든요. 반려동물도 없었고 동물권도 머리로만 생각하고 있었어요. 〈새벽이생추어리〉에서 새벽이, 잔디와 관계를 맺고, 동물을 만난다는 것이 뭔지 조금씩 체화하니까 제가 다른 동물들하고도 잘 지내보려고 하더라고요. 사실 개나 고양이도 그렇게 좋아하진 않았는데 이제 좋아하게 됐어요.

돌봄 활동하시는 다른 분들은 어떠실지 궁금해요. 새벽이나 잔디를 만나는 경험이 인간 동물에게 어떻게 다가올까요?

무모 각자 맺는 관계가 다르고 그래서 받는 영향도 다르겠지만, "돼지가 어떤 동물인지 더 잘 알게 되었다"고 많이 말해 주세요. 돼지가 어떻게 생겼는지, 뭘 좋아하고 어떤 행동을 하는지에 대한 정보가 없잖아요. 잘 접하지도 못하고요. 그런데 〈새벽이생추어리〉에 직접 와서 보니까 돼지 코가 얼마나 유연하고 부드럽고 촉촉한지, 땅을 얼마나 잘 파는지, 송곳니가 얼마나 날카롭고 강인한지 알게 되셨다고 해요.

또 그런 말씀을 해주신 분이 있어요. 잔디에게 빗질과 마사지를 해주면서 발을 만져 봤대요. 원래는 고기를 드시던 분이었고 가끔 생각나기도 했는데, "더 이상 그럴 수 없게 되었다"고 하시더라고요. 그런 비슷한 말씀을 해주신 분들이 몇 더 있어요. "새벽이 만나고 제가 고기를 끊을 수 있었어요." 아무래도 살아 있는 존재로 돼지를 대하다 보니까, 고기가 음식이 아니라 누군가의 죽은 살점이라는 게 더 확 와닿을 수 있을 것 같아요.

저는 사실 음식 자체에 대한 선호가 별로 없고 '덜 먹는 게 제일 좋지'라고 생각하는 편이었어요. 인간들이 음식을 너무 많이 먹는 것

이 제일 큰 문제라고 생각했거든요. 근데 최근에 고기를 먹을 일이 있었는데, 딱 한 점 먹고 체하더라고요. 이틀 동안 다른 걸 잘 못 먹었어요. 머리로 한 번도 이래야지 저래야지 생각한 적이 없는데 새벽이와 잔디를 만난 뒤로 몸이 고기를 못 먹게 된 게 좀 신기했어요.

인간과 세계의 단절

이 세계에 인간 외에도 많은 생명체가 있잖아요. 그런 존재들과 인간이 오늘날 어떤 관계를 맺으면서 살아간다고 생각하시나요?

무모 관계가 한 가지만 있을 것 같지는 않고 다양하게 분류될 수 있을 것 같은데요. 일단 인간이 가장 이기적이죠. 인간과 비인간 동물을 나눠서 인간만을 중요시하고, 문명이라는 것을 만들어서 비인간 동물을 배척해 왔죠. 아니면 인간만을 위해서 키워 먹거나 다른 목적으로 착취하고요. 인간이 다른 종의 동물을 이용하는 게 당연한 것처럼 보이지만, 그렇게 된 역사가 길지 않잖아요. 원래부터 그랬던 것도 아니고, 자연의 섭리도 아니고, 정말 인위적으로 만든 관계. 착취하고 억압하고 폭력으로 일방적인 관계를 맺고 있다고 생각해요. 농장 동물, 실험 동물, 전시 동물, 모피 동물이 모두 그렇죠.

인간에게 해가 된다면 죽이는 간단한 방법을 써요. 그래서 인간만 중요하고 다른 동물은 중요하게 여기지 않는 관계를 맺고 있다고 생각해요. '그럼 인간의 손이 직접적으로 닿지 않는 야생동물은 인간과 동등하다고 할 수 있을까?' 그런 생각도 잠깐 해 봤는데요. 이미 지구상에 인간의 영향력이 미치지 않은 곳이 없잖아요. 미세플라스틱도 그렇고 대기오염이나 이산화탄소도 그렇고요. 그렇기 때문에 동등한 관계는 존재하지 않는 것 같아요. 현재 상황으로는 다 영향을 받고 있죠.

인간이 이 세계 곳곳에 미치는 부정적인 영향력에 대해 생각하면 갑갑하고 화가 나요.

무모 그러니까요. 멸종 위기종도 생기고 그렇죠.

사실 〈새벽이생추어리〉에 오기 전까지 돼지와 인간의 관계를 생각해 본 적이 없었던 것 같아요. 여태까지 비인간 동물 중 그 관계에 대해 생각해 본 건 개뿐이었어요. 집에 개가 셋이거든요. 〈새벽이생추어리〉에서 새벽이와 잔디를 일상처럼 만나고 계신 무모 님은 인간과 돼지의 관계에 대해서 어떻게 생각하시는지 궁금해요.

무모 아직 사람들은 '돼지' 하면 돼지고기를 떠올리겠죠. 살아 있는 동물인 돼지보단 죽어서 조각조각 해체된 채 마트 매대나 식당에 놓여 있는 살점을 훨씬 많이 접하니까요. 그만큼 소비를 많이 한다는 뜻이기도 하고요. 그렇게 생각해 보면 고기와 맺는

관계만 있을 뿐, 돼지와 인간이 맺는 관계는 없는 것 같아요. 물론 소수의 축산업자들이 맺는 관계는 있겠죠. 그런데 그 관계는 동물 대 동물로서 맺는 관계는 아닐 거라고 생각하고요. 그래서인지 일상에서 항상 불편함을 안고 사는 것 같아요. 집 근처만 나가더라도 정육점이나 식당에서 돼지 캐릭터가 웃고 있잖아요. 사람들이 생각하는 돼지, 돼지가 아닌 돼지. 육식주의라는 거대한 이데올로기가 공고하게 자리 잡고 있어서 그런 것 같아요. 어려서부터 고기를 먹고 식탁 위에서 돼지를 죽은 살점으로 주기적으로 만나죠. 그렇게 관계가 단절되는 것 같아요.

관계가 없는 것 같다는 말에 고개를 끄덕이게 되네요. 만약 돼지와 어떤 관계가 있었다면 그런 캐릭터는 못 그리지 않았을까 싶어요. 저는 인간과 비인간이 이렇게까지 명확하게 구분되는 게, 이렇게까지 관계가 단절된 게 이상하게 느껴져요. 이런 단절은 인간을 보잘 것없는 존재로 만든다고도 생각하는데요. 단절은 왜 생긴 걸까요?
무모 어려운 질문이지만 교과서적인 답을 해보자면 산업사회 이전과 이후로 나뉠 것 같다는 생각이 들거든요. 산업사회 이전에는 농경사회라 할지라도 집집마다 가축이 있었다고 하잖아요. 가정에서 길러서 직접 도축해서 먹었단 말이죠. 오히려 거기엔 연결 관계가 있었을 것 같아요. 온전한 생명을 길러서 직접 그 생명을 끊는 건, 그러니까 하나부터 끝까지 다 자기 손으로

하는 데엔 어떤 연결성이 있었을 거라고 생각해요.

그런데 자본주의가 발달하고 산업사회에 오면서 그것들을 자기 손으로 직접 하지 않고, 동물들을 이윤의 대상으로 보고 공장 안에 가둬 기르면서 달라진 것 같아요. 자급자족의 방식이라고 할까요, 그런 소농 자체가 없어졌죠. 사실 농작물도 마찬가지고요. 자기가 직접 길러서 먹는 게 아니라, 대규모 산업으로 변하면서 단절된 관계들이 생긴 것 같아요. 사람들끼리 도시를 이루어 살면서 그 안에 비인간 동물들의 설 자리가 없어지고, 그래서 비인간 동물들이 공존하는 존재가 아니라 돈으로 사고파는 수단이 돼 버린 거죠.

인간만이 위협이나 위해를 가할 수 있는 동물이라고 생각하니까 자기 멋대로 행동하는 게 아닌가 싶기도 해요. 옛날에는 동물을 먹을 때조차 서로가 서로에게 상해를 입힐 수 있는 존재라는 것을 인지하고 감사한 마음으로 대하던 문화가 있었지만, 오늘날 그걸 느끼기는 거의 불가능하잖아요. 그래서 사실 저는 보듬이 활동을 하면서 돼지를 위협적인 존재로 느낄 수 있어서 좋았거든요. 컨테이너만큼 커다란 새벽이를 보면서 '내가 산길을 가다가 쟤를 만났으면 큰일났을 수도 있겠다'는 생각을 했는데, 그게 두렵다기보단 고마웠어요. 새벽이가 제게 사고를 전환하게 해줬다고 해야 하나? 저도 이 세계에 사는 동물 중 하나라는 걸 알게 해줬으니까요.

서로의 해방을 위한 사이

인간과 비인간 동물은 어떤 사이일까요?

무모 너무 어려운데요.

죄송해요. (웃음)

무모 음, 뭐라 해야 될까. 저희의 방향성을 얘기해야 할 것 같은데. 동물 해방을 위해 연대하는 사이라고 하면 좋을 것 같아요.

멋진 것 같아요. 새벽이, 잔디와도 연대하는 중일까요?

무모 그렇다고 생각해요. (웃음) 이것도 새벽이와 잔디한테 물어볼 수 없으니까, 어떻게 보면 저희가 일방적으로 얘기하는 것일 수도 있겠지만요. 비인간 동물이 해방된 세상에서야 인간 동물도 진정으로 해방될 수 있다고 믿어요. 저희가 새벽이, 잔디 이야기를 많이 알리고 있지만, 저희 인간끼리만 할 수 있는 일은 아니잖아요. 새벽이, 잔디가 동물권 활동가로서 역할을 하고 있기 때문에 저희가 연대할 수 있는 거라고 생각하거든요. 그래서 어떻게 보면 서로서로 연대하는 사이가 아닐까 해요.

마지막 질문인데요. 비인간 동물과 인간이 함께 살 수 있을까요?

무모 네. 인간이 욕심만 부리지 않는다면 함께 살 수 있죠. 모든

문제는 인간에게 있지 않을까 싶어요. 물론 다 같이 온전한 삶을 누리자, 이거는 좀 이상적이고 이론적인 얘기일 것 같고요. 야생에서는 서로 죽고 죽이는 상태가 있잖아요. 자기 삶을 위해서, 어느 정도 자연적인 순환 안에서는 살생이 발생할 수 있다고 생각하는데요. 지금과 같이 너무 불균형하고 불평등한 관계가 아니라면 공존할 수 있지 않을까 싶어요.

제 질문은 이제 여기까지인데 혹시 마지막으로 하고 싶으신 말씀이 있을까요?

무모　고은 님이 하고 계신 작업이 여러 곳에 계신 분들을 만나뵙고 또 연결해 주는 작업이 아닐까 싶어요. 연결되는 경험을 저도 해보고 싶고, 또 많은 분이 서로 연결되었으면 합니다.

＊＊

　　인터뷰 도중에 작은 사건이 있었다. 카페에서 시킨 메뉴가 막 나왔을 때였다. 이른 아침, 밥을 먹지 않고 달려와 준 사진작가를 위해 와플을 시켰는데 그 위에 아이스크림이 올라가 있었다. 무모 님은 와플을 치워 달라고 부탁했다. 아직까지 한국의 빵이나 아이스크림에는 대부분 우유 같은 동물성 원료가 들어

간다. 무모 님은 흔히 '농장 동물'이라고 불리는 존재와 가까이에서 만나고 교감하고 있는 사람이다. 부당하게 착취된 동물성 원재료가 들어간 음식을 보는 것과 그것이 인터뷰 사진에 들어가는 게 마음 편하지 않을 게 당연했다. 무모 님의 마음이 잘 느껴졌고, 내가 그 마음을 일찍 헤아리지 못한 게 미안했다. 그리고 무모 님의 반응과 별개로, 내가 도처에 널린 동물성 원료를 제대로 포착하지 못하고 있다는 점이 부끄럽게 느껴졌다. 물론 기분 좋은 부끄러움이었다. 아직도 일상 곳곳에 내가 배울 게 많다는 건, 그리고 그걸 깨우쳐 줄 누군가가 옆에 있다는 건 좋은 일이다.

인터뷰가 끝나고 남은 와플과 아이스크림을 다시 테이블로 가져왔다. 어쩔 수 없이 먹게 되었다면 감사한 마음으로, 맛있게 다 먹는 게 좋다는 나의 똥고집 때문이었다. 다 녹은 아이스크림 때문에 와플은 맛이 없었지만, 그래도 먹기는 다 먹었다. 그런 나를 무모 님은 끝까지 기다려 줬다. 미안하고 고마운 마음이 들었다. 사실 〈새벽이생추어리〉의 활동가들을 생각하면 늘 그런 마음이 든다. 비인간 동물이 생존하기 쉽지 않은 이 땅에서 돼지와 함께 살아가는 방법을 제일 많이 고민하는 사람들. 그 안에서 생기는 다양한 관계에 대해서 제일 많이 생각하는 사람들. 그리고 누구보다 부지런히 움직이고 실천하는 사람들. 이들이 베푸는 호혜를 받는 존재는 비단 새벽이와 잔디뿐만 아니라, 나를 비롯한 다른 인간들이기도 할 것이다.

2022년 12월, 새생이·보듬이·매생이가 함께하는 연말 모임이 열렸다. 입구에는 여러 종류의 책, 천연 비누, 엽서, 사과, 비건 초밥, 견과류 요리 등이 진열되어 있었다. 모두 선물로 들어온 것이었다. 음식은 40~50명의 사람이 한 끼 식사로 나누어 먹기에 충분했고, 음식 외의 선물은 참여자 손에 하나씩 쥐여 줄 수 있을 정도로 넉넉했다. 벽에는 사진을 찍을 수 있는 포토 부스와 방명록을 적을 수 있는 판이 마련되어 있었다. 방명록은 "내가 꿈꾸는 동물 해방 세상은" 같은 문구에 답하는 형식이었는데, 그곳엔 이런 포스트잇이 붙었다. "생추어리가 따로 필요 없는 세상", "나이 들 자유가 있는 세상". "〈새벽이생추어리〉가 이런 공동체가 되면 좋겠어요"라고 쓰인 방명록 구역에는 "장수 공동체", "오랫동안 서로를 돌보는" 같은 포스트잇이 붙었다. 〈새벽이생추어리〉에 마음을 보내는 사람들의 꿈은 소박하다. 자연 수명이 10~15년인 돼지들이 6개월 만에 도축되지 않고 자신의 삶을 살아갈 수 있기를, 현재 그 일이 유일하게 가능한 생추어리가 언젠가는 필요 없어지기를, 그리고 그날이 올 때까지 서로를 돌보며 부디 살아남을 수 있기를.

2023년 〈새벽이생추어리〉는 이사 갈 땅을 알아보고 있다. 지금 땅이 충분히 넓지 않아서 이사하고 싶은 마음도 있었지만, 이사를 가야 하는 상황이 앞섰다. 계획되고 준비된 상황이 아니다. 〈새벽이생추어리〉에게 호의적인 사람들 덕분에 이사 준비 시간을 마련할 수 있었지만, 누군가의 선심으로 해결될 문제가 아니다. 새벽이와 잔디가 도축되지 않는 삶을 살게 된 뒤로, 이 사회가 지정해 준 '돼지의 집'을 벗어난 뒤로 이들은 계속해서 쫓겨나고 있다. 새벽이 구조 영상에 달리는 "너희 동족을 구한 거네"라고 조롱하는 댓글이, 가축 돼지의 관리 시스템이, 그것을 소비하도록 조장하는 어떤 힘들이, 거기서 생기는 크나큰 이윤이 새벽이와 잔디를 사회에서 내쫓는다. 새벽이와 잔디의 생존은 종돈장과 실험실을 나온 뒤로도 여전히 위협받고 있다. 돼지 두 마리가 자신의 여생을 온전히 보낼 수 있는 땅을 찾기가 어려운 것도 바로 그 때문이다. 〈새벽이생추어리〉는 쫓겨나는 돼지들과 함께 사회의 최전방에서 버티는 이들이다. 서로를 의지처 삼아 새벽이와 잔디가 사회 밖으로 영영 쫓겨나지 않게 바리케이드를 치고 있다.

서로가 서로에게 유일한 의지처가 되어 줄 수밖에 없기에 〈새벽이생추어리〉는 위태롭지만, 동시에 그렇기 때문에 힘이 있다. 2023년 1월에는 3기 정기 보듬이들이 활동을 시작했다. 모집 인원 13명이 꽉 찼다. 그간 월 단위로 보듬이를 모집하다가 2022년부터 반년 주기로 정기 보듬이를 모집했으니, 안정적으로 돌봄 활동이 굴러간 지 1년이 넘은 것이다. 보듬이 중에 〈새벽이생추어리〉로 전시를 연 사람들도 있었다. 새벽이와 잔디를 그린 그림을 전시하기도 하고, 그들의 실제 사이즈 그림이나 그들의 밥 먹는 모습을 재현하기도 했다. 새생이의 수는 조금 줄었지만, 활동력은 더 늘었다. 돌봄 활동을 세심하게 체크하고 있고, 대외 교육 활동도 많이 다닌다. 새생이 중 한 명은 〈새벽이생추어리〉 다큐멘터리를 준비 중이다. 이 인터뷰에 다 담을 수 없었던 이야기와 아직은 밝힐 수 없는 이야기가 많다. 그 이야기들이 세상에 나오게 될 날을 기다린다.

마지막으로 나의 〈새벽이생추어리〉 근황을 짧게 밝힌다. 인터뷰가 진행되기 직전에 매주 1회 이상 돌봄 활동을 하는 정기 보듬이 활동 기간이 끝나, 그 뒤로 두세 달에 한 번씩 〈새벽이생추어리〉를 방문하고 있다. 오랜만에 방문하면 새벽이와 잔디가 다시 낯을 가릴까 봐 걱정했는데 기우였다. 물론 이전만큼 나를 반겨 주거나 살가운 장난을 치지는 않는다. '아는 사람 1' 정도로 생각하고 있는 건 아닐까 싶다. 이 사회에서 살아남은 돼지의 '아는 사람 1'이 되는 건 멋진 일이다.

아마 새벽이와 잔디도 알고 있는 것일 터이다. 길에 쌓인 낙엽을 보면 내가 자기들 생각을 한다는 것을. 이 길 위에 어떤 돼지도 머무르길 허용받지 못한다는 걸 알면서도, 나는 새벽이와 잔디가 길 위의 낙엽을 '찹찹찹' 맛있게 먹는 상상을 해본다. 너무 춥거나 너무 더우면 새벽이와 잔디의 건강과 돌봄 활동을 할 활동가들의 안위를 걱정한다. SNS에 둘의 동영상이 올라오면

액정을 가만히 쓰다듬는다. 그러니 그들도 오랜만에 나타나 입꼬리를 귀에 걸고 "챤디씨~" 하고 털을 헝클어뜨리는 인간을, "새벽아!" 하고 멀리서 뛰어오는 인간을 모른 척하기는 힘들 것이다.

⟨새벽이생추어리⟩

#국내1호 #생추어리 #새벽이와잔디 #해방으로_연결되는_돌봄의_공간

1. ⟨새벽이생추어리⟩

국내 1호 생추어리로, 2020년 4월 설립되었다. 대한민국 최초로 농장에서 공개 구조된 돼지 새벽이가 제 삶을 찾아 평생 온전하게 살아가길 바라는 시민들이 힘을 모아 만든 공간이자 동물 해방의 가치를 지향하는 동물권 단체이다. 인간 중심적인 사회에서 학대받고 죽어가는 비인간 동물에게 평생 살아갈 수 있는 삶의 터전을 제공하고, 치료를 포함한 적절한 돌봄을 지원한다. 구조된 동물들이 본연의 삶을 살아가는 모습을 사회에 드러내어 인간과 비인간이 공존하는 대안을 제시하고, 동물의 지위와 권리를 향상하기 위한 활동들을 하고 있다.

21년 2월에는 제약회사로 추정되는 곳에서 실험동물로 이용되다 구조된 돼지 잔디가 ⟨새벽이생추어리⟩의 두번째 입주자가 되었다.

2. ⟨새벽이생추어리⟩의 활동

1) **교육사업** 내부적으로는 보듬이(돌봄 활동가)를 모집하고 돌봄 활동을 위한 교육을 진행한다. ⟨새벽이생추어리⟩와 관계 맺고 있는 활동가들의 커뮤니티 활동을 지원하기도 한다. 대외적으로는 동물권 교육자료를 제작하고 배포하며, 직접 동물권 교육도 진행한다.

2) 돌봄 및 학술사업 새벽이와 잔디에게 아침저녁으로 적절한 치료와 돌봄을 지원한다. 건강 관리를 위해 계절별 식단을 설계하고 매일 건강 상태를 확인한다. 이와 같은 돌봄 활동을 하는 보듬이들을 지원하기도 하며, 그들이 작성하는 돌봄 일지를 아카이빙 하여 생추어리의 역사가 잘 기록되도록 한다. 〈새벽이생추어리〉의 현장을 관리하고 환경 개선을 위해 노력한다. 위의 모든 내용을 담은 '돌봄 매뉴얼'을 제작하고 업데이트도 하고 있다. 돌봄 관련 자료를 수집하고 해외 자료를 번역하기도 한다.

3) 소통사업 언론의 취재나 인터뷰 요청에 응하고 각종 문의에 응대하고 있다. 공식 SNS에 〈새벽이생추어리〉 관련 콘텐츠를 제작해서 업로드하고 있으며, 매생이(후원 활동가)를 위한 뉴스레터도 발행 중이다. 〈새벽이생추어리〉의 자체적인 행사도 개최하고 있다.

3. 〈새벽이생추어리〉에게 연락할 수 있는 방법

이메일: dawnsanctuarykr@gmail.com

홈페이지: http://www.dawnsanctuary.kr

네이버 블로그: https://blog.naver.com/dawnsanctuarykr

인스타그램, 페이스북, 트위터: @dawnsanctuarykr

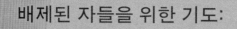

배제된 자들을 위한 기도:

무지개 기독교인과 함께 사는 기독교인,
<무지개신학교>의 오늘

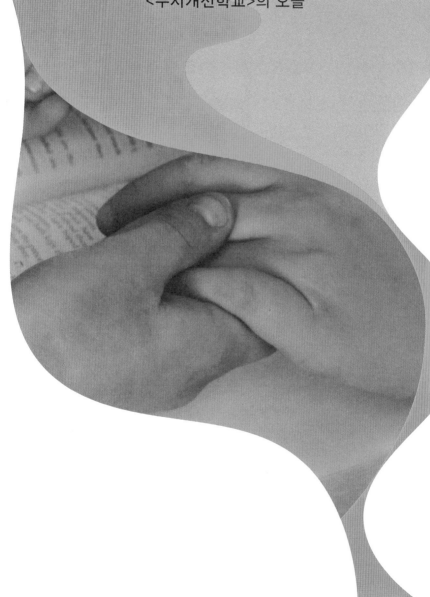

*

〈무지개신학교〉는 2020년 '비학술적 학술제'에 참여할 팀을 찾기 위해 SNS를 서핑하다가 발견했다. '무지개'와 '신학교'가 같이 붙어 있는 팀명이 호기심을 끌었다. 강단 밖에 신학을 공부하는 팀이 있다는 것도 신기했는데, 그 방향성이 '무지개'라는 건 더 신기했다. 기독교 신학 앞에 '무지개'를 붙일 수 있다고 생각하는 사람이 몇이나 될까? 우선 나는 아니었다. 어떤 기독교인들은 매년 열리는 퀴어문화축제에 페미니스트나 퀴어만큼 열성적으로 참여한다. "하나님은 너희를 사랑한다! 아이들아, 하느님의 품으로 돌아오거라!", "동성애는 죄다! 죽을병에 걸릴 거다!"를 연신 외치는 사람들이 편협한 내 머릿속에 존재하는 유일한 기독교인이었다.

연고가 전혀 없는 〈무지개신학교〉에 무작정 미팅을 요청했다. 마침 회의가 있으니 저녁에 오라는 연락을 받았다. 작은 회의실에 다섯 명의 사람들이 둘러앉아 분주하게 일을 마무리하고 있었다. 후원 펀딩용 굿즈를 발송하기 위해 택배 포장을 하는 중이었다. 손님으로 찾아온 내 손에도 소식지와 컬러 타투스티커, 배지가 담긴 굿즈 한 세트가 쥐어졌다. 컬러 타투스티커는 온통 무지개 색깔로 가득 차 있었는데, 거기엔 하트나 무지개 모양뿐만 아니라 십자가 모양도 있었다. 배지는 십자가에 박힌 예수님의 형상이었는데, 남성이 아니라 여성의 모습을 하고 있었다.

굿즈를 전달받고 나는 〈무지개신학교〉라는 이름을 처음 봤을 때보다 더 큰 충격을 받았다. 퀴어문화축제에 쓰일 것 같은 타투스티커에 십자가 문양이 있으리라고, 음모가 있고 가슴이 불룩 나온 예수가 십자가에 매달려 있으리라고는 생각해 본 적 없었다. 그 자리에 계신 분들 역시 굿즈만큼이나 낯설었다. 한 분은 휠체어를 타고 있었고, 다른 한 분은 어깨까지 오는 부스스한 장발 머리를 하고 있었다. 주류 중의 주류일 것이라 예상한 기독교인 중에 장애인이 있을 거라고, 장발을 한 남성이 있을 거라고 생각해 본 적 역시 없었다. 이때 만난 휠체어를 타고 계신 분은 이 인터뷰 중간에 등장하는 진우 님이었고, 장발 머리를 한 남성이 이 인터뷰의 주인공인 오늘 님이었다.

오늘 님을 처음 봤을 때 신학교와 참 안 어울린다고 생각했다. 부스스한 머리가 어깨 조금 아래까지 늘어진 헤어 스타일, 인자하고 온화해 보이는 표정, 나긋나긋하고 차분한 목소리, 조심스럽게 상대방을 배려하는 말투. 오늘 님과 있다 보면 절간에 있는 것 같은 기분이 들었다. 만일 종교 단체가 아니라 밖에서 만났다면 나는 그의 자유로워 보이는 스타일 때문에 낮엔 서점에서 일하고 밤엔 록 클럽에서 공연하는 아티스트라고 생각했을 것이다. 회의실에서 '비학술적 학술제' 참가 제의 후 자리를 옮겨 식사 자리에서 이런저런 이야기를 나누다가 내가 얼마나 무지했는지 알게 됐다. 오늘 님은 〈무지개신학교〉를 만들자고 제안한 뒤 줄곧 중심에서 단체를 끌어왔던 메인 멤버였다.

오늘 님은 원래 목사를 준비하는 신학대학원생이었다. 신학대학원(이하 신대원)의 채플 시간에 친구들과 함께 무지개 티셔츠를 입고 들어갔다가 징계를 받았고, 그 뒤에 응시한 목사고시에도 불합격했다. 배제된 자들을 위해 예배를 봤다가 스스로가 배제된 자가 되었다. 더 이상 학교에서 생활하는 것이 불가능하게 되었을 뿐만 아니라, 오래 준비했던 목사의 길까지 박탈당한 것이다. 오늘 님은 기독교계를 완전히 떠나는 대신 강단 밖에서 새롭게 신학을 공부하기로 결심했다. 자연스럽게 〈무지개신학교〉의 공부와 활동은 기독교인으로서 한국 교회와 신학계의 다양한 차별에 반대하고, 소수자와 연대하는 방향으로 흘러갔다. 〈무지개신학교〉는 기독교인 혹은 기독교에 관심이 있는 사람들을 모아 그동안 기독교 내에서 터부시되었던 주제들을 다루며, 사회적 이슈에 기독교인으로서 응답하기 위한 공부와 활동을 지속했다.

오늘 님이 목사를 준비하는 신학대학원생이었다는 사실을

알게 되자 궁금한 게 많아졌다. '이렇게 온화해 보이는 사람이 어쩌다가 신대원에서 징계를 받고, 학교와 싸우고, 〈무지개신학교〉를 만들었을까?' 나긋나긋한 말투로 언성을 높이는 모습이 머릿속에 잘 그려지지 않았다. 그런데 운이 좋게도 나의 편협한 생각을 바로잡고 오늘 님의 활동을 가까이에서 만나 볼 기회를 얻었다. 〈무지개신학교〉에서 '비학술적 학술제'에 참여하겠다고 연락해 온 것이다.

온라인에서 열린 2020년 '비학술적 학술제'의 주제는 '코로나 시대, 청년과 연결'이었다. 총 아홉 개의 팀이 참여했다. 〈길드다〉를 포함해 고전비평공간 〈규문〉, 인문학 공동체 〈남산강학원〉, 온라인 글쓰기 그룹 〈마감의 기쁨과 슬픔〉, 대안교육공간 〈민들레〉, '대안대학 지순협' 졸업생들의 독립 연구자-기획자-창작자 모임 〈삼색불광파〉, 디자인스튜디오 〈티슈오피스〉 그리고 이 인터뷰집에 등장하는 〈무지개신학교〉와 〈들불〉. 모두 제도권 밖에서 공부하고, 그로써 다양한 방식으로 자립을 꾀하는 청년 팀이었다. 우리는 코로나 시대를 살아가는 청년들로서 위기의 시대에 연결에 대해 질문하고 이야기를 나눴다.

우리가 공부를 비단 문자에 한정된 것이 아니라고 생각했듯, 발표하는 형식 또한 글에 국한시키지 않았다. 〈무지개신학교〉는 '마인크래프트'라는 게임 안에 교회를 짓고 함께 예배드리는 형식의 발표를 준비했다. 교회와 예배에 누구나 접근할 수 있어야 하지만, 현실은 그렇지 않다. 퀴어문화축제에서 어떤 기독교인들이 대놓고 성소수자를 쫓아내자고 말하는 것처럼, 오늘 님이 무지개 티셔츠를 입은 뒤 징계를 받은 것처럼, 흔히들 말하는 '정상'의 범주 안에 들지 못하는 사람들은 그 공간에서 배제된다. 그러나 〈무지개신학교〉는 가상 세계에 교회를 짓고 예배를 드림으로써 부정당한 몸들과 연결하고자 했다.

> 오늘날 한국개신교회는 다양한 몸이 존재한다는 사실을 부정한다. 이질적인 것들 간의 연결을 추구하기보단 차이점을 부각하고, 분열한다. (……) 이 작업을 통해 추구하고자 하는 신성은 마이스터 에크하르트의 고백과도 같다. "하느님은 부정의 부정이다."(God is the denial of denial) 하느님은 함께 사는 삶을 부정하는 것을 부정한다. 하느님은 노동을 부정하는 것을 부정한다. 하느님은 다양한 몸을 부정하는 것을 부정한다. 하느님은 다양한 성적 지향을 부정하는 것을 부정한다. 하느님은 정의의 부정을 부정한다. 하느님은 평화의 부정을 부정한다. 이 부정의 부정은 우리를 연결하고 연대하게 하고 결과적으로 우리를 더 강하게 한다.(2020 '비학술적 학술제', 〈무지개신학교〉의 콘텐츠 소개글 중)

다른 글 발표와 토론은 전체 공개로 열렸는데, 〈무지개신학교)의 예배는 '비학술적 학술제' 참가팀을 위한 네트워킹 프로그램으로 진행했다. 대부분의 '비학술적 학술제' 참가팀 멤버들은 종교가 없었다. 모태 신앙인 사람이 소수 있었지만, 그들 중에서도 종교 활동을 하고 있는 사람은 없었다. 나는 살면서 종교를 가져 본 적이 없었지만, 어떤 종교냐를 불문하고 영적인 힘이 이 세상에도 나에게도 필요하다고 믿는 사람이라 예배 참여에 거부감이 없었다. 그러나 다른 사람들도 그러리라는 보장은 없었다. 〈무지개신학교〉에서도 종교 색채를 최대한 뺐다고 얘기해 주었고 다른 팀들도 예배를 함께 봐도 괜찮다고 동의해 주었지만, 여전히 마음이 놓이지 않았다.

'비학술적 학술제'에서 예배는 30분 정도 진행됐다. 그후로 시간이 꽤 흐르기도 했고, 예배 자체도 낯설어 어리바리 쫓아갔으므로 당시 어떤 의식을 치렀는지 정확하게 기억나지 않는다. 다만 〈무지개신학교〉의 요청으로 다들 각자의 방에서 초를 켜고 있었으며, 중간중간 종소리가 들렸고, 함께 몸을 움직이거나 무언가를 낭독하는 시간이 있었다는 것만 어렴풋이 떠오른다. 또 내 우려와 다르게 '비학술적 학술제'에 참가한 각 팀의 멤버들이 예배를 괜찮아했던 것도 기억난다. 너무 괜찮았던 나머지, 과반수가 화면 너머로 눈물을 뚝뚝 흘리고 있었다.

배제당하고 부정당하고 쫓겨난 이들과 쫓아낸 사회를 위한 예배는 곧 우리 자신을 위한 예배이기도 했다. 우리 역시 청년,

여성, 비제도권 활동가 등의 이름으로 어디선가는 쫓겨난 이들 중 하나였으며, 동시에 쫓아내는 사회의 구성원으로서 이 현실과 무관하지 않은 이들이었기 때문이다. 분위기를 캐치하기 어려운 화상 회의였음에도 불구하고 예배가 끝난 뒤, 우리는 매우 차분하면서도 따뜻하고 맑은 눈으로 서로를 바라보고 있다는 것을 알 수 있었다. 모두가 온라인 예배 공간에서 화면 너머로 서로 연결되어 있다고, 세계와 연결되어 있다고 느끼고 있었다. 〈무지개신학교〉가 가려는 방향성과 그 힘을 느낄 수 있었다.

'비학술적 학술제'가 끝나고 난 뒤에 오늘 님에 대한 궁금증은 오히려 더해졌다. 오늘 님은 어떤 사건을 겪었던 걸까? 목사의 길을 걷지 못하게 된 일은 오늘 님에게 어떤 영향을 미쳤을까? 목사 고시에서 떨어졌음에도 왜 여전히 기독교 공동체를 떠나지 않은 걸까? 기독교 안에서는 어떤 가능성을 보고 있을까? 무지개 기독교인과 함께하는 기독교인으로서 보수적인 기독교인을 만나는 일은 오늘 님에게 어떤 경험으로 다가왔을까?

인터뷰 당일, 〈무지개신학교〉 사무실이 있는 건물에 도착하자 오늘 님이 마중을 나왔다. 오늘 님은 얼마 남지 않은 군 입대 때문에 어렵게 구해서 꽤 오랫동안 잘 타고 다녔던 스쿠터를 팔 생각이라고 하셨다. '힙한 스쿠터 위에서 온화한 표정으로 흐트러진 긴 머리를 흩날리는 목사 지망생, 오늘 내가 인터뷰할 사람이군' 하고 생각하며 〈무지개신학교〉의 사무실로 들어섰다.

함께 살 수 있을까

채플에서 무지개 티셔츠를 입다

오늘 님이 어떤 시간을 거쳐 왔는지 얘기 들어보고 싶어요. 목사 고시에 불합격하신 게 언제죠?

오늘 2019년 여름이었죠. 6월에 시험을 봤거든요. 원래 한두 달 안에 결과가 나오는데, 합격자 발표일이 돼도 나오질 않는 거예요. 중간에 저랑 친구가 목사 고시 합격자 명단에 있다는 제보가 들어갔고, '그 둘은 동성애를 지지하는 활동을 했다'라는 보고서가 또 들어갔대요. 그리고 응시생들한테 문자가 왔죠. '불가피한 일로 결과를 발표할 수 없다.'

저랑 친구만 면접을 다시 봤어요. 특별 면접이라고 해서 목사님들이 스무 명 가까이 오셨죠. 원래 면접에는 세 분이 계셨거든요. '대사회문제 대책 위원회'가 있었는데 그게 '대사회문제(동성애) 대책 위원회'로 바뀌더니, 그냥 '동성애 대책 위원회'로 바뀌었어요. 저희가 특별 면접에 들어가기 전에 그곳의 위원들과 목사 고시 위원들, 목사님들이 일찌감치 오셔서 회의를 하고 계셨어요. 면접은 2시간 정도 했나? 저희가 나오자마자 안에서 고성이 들리더라고요.

제가 2017년부터 교단의 방침에 대해서 다른 목소리를 냈던 SNS 게시글이나 학교 활동을 자료로 만드니까 120페이지가량 이래요. 그거를 들춰 보면서 "이건 왜 그런 거냐"고 하시는 거예요. 아니 SNS잖아요. 무슨 말을 못하겠어요. 그때 학교랑도 소송 중이었는데 "이번에 목사 안 되면 또 소송*할 거냐"고, "여기서 확실하게 말하라"고 하시더라고요.

뭐라고 그러셨어요?

오늘 "나는 교단 안에서 최대한 노력할 거다. 그리고 상식적으로 판단이 나올 거라 생각하기 때문에 내가 소송할 일은 없다고 생각한다." 이렇게 얘기했죠. 그때는 '쿠션어'**라고 해야 되나요. 그게 엄청 잘됐어요. 항상 긴장하면서 말을 했거든요.

원래 교단 추천으로 팔레스타인에서 한 달 동안 공부하는 프로그램에 선발됐어요. 그런데 갑자기 어떻게 애를 추천할 수 있냐는 이야기가 나오기 시작한 거예요. 한 달 치 짐을 싸야 하는데, 제가 가는 건지 안 가는 건지 전날 밤 10시가 돼도 정해지지 않았어요. 결국에는 "네가 간 걸 아무도 모르게 해라", "SNS 하지 말고 그냥 조용히 공부하고 와라", 이 조건으로 갔죠. 거기 가서 2~3주 지났을 때쯤 목사 고시 합격자 발표가 났어요. 저랑 제 친구가 빠진 명단으로요.

---

* 2018년 5월 17일 이후 학교로부터 수업 방해, 교수 지도 불응, 불법 행사 개최, 학교 명예 훼손 등으로 징계를 받았다. 이에 대한 재심이 거부되자 징계받은 학생들은 같은 해 12월, 민변의 공익 변론 도움을 받아 학교를 상대로 징계 무효 소송을 제기했다.

** 마찰이나 갈등이 일어나지 않도록 모호하고 완곡하게 표현하는 화법을 이르는 신조어.

그 과정에서 내부적으로 문제가 됐대요. '목사 고시 위원회'에서 먼저 합격으로 올렸는데 '동성애 대책 위원회'에서 안 된다고 제동을 걸었으니까요. "이게 절차적으로 맞냐", "위계가 맞냐" 아옹다옹했다지만, 결과적으로 반동성애라는 대승적 입장에서 안 됐던 거죠.

문제가 된 게 국제 성소수자 혐오 반대의 날 채플에 무지개 옷을 입고 참석했던 퍼포먼스였잖아요. 그것 때문에 팔레스타인에 공부하러 가는 데 제동이 걸릴 뻔하고, 가더라도 공공연하게 가지 못하게 되고, 목사 고시에도 떨어지고…. 원래 가기로 했던 노선에 뭔가가 급박하게 끼어들어서 어그러진 느낌이 드네요. 퍼포먼스는 언제였어요?

오늘 2018년 5월이었어요.

목사 고시가 2019년 6월이라고 하셨는데, 그럼 퍼포먼스가 1년 뒤의 목사 고시에까지 줄곧 영향을 미치고 있었던 거예요? 차라리 처음부터 떨어졌으면 달랐을 수도 있는데, 붙었다가 갑자기 제외되는 과정이 폭력적이라고 느껴져요.

오늘 맞아요. 이미 힘들었는데 더 힘들게 됐죠. 그때 목사 고시를 안 봤어야 되는데. (웃음) 사실은 사유 자체가 말이 안 되는 거예요. 교단에서 낸 입장문들이 항상 애매했거든요. '동성애는 죄지만, 동성애자는 포용해야 된다.' 동성애를 반대하시는 분들은 앞 문장을 붙잡으시는 거고, 교단 안에서 이 문제를 풀어 가고 싶어 하시는 분들은 뒤 문장을 붙잡으시는 거죠. 그때 저는 "교단 내의 입장에서 활동한 거다. 포용하라고 하지 않았냐"고 방어했고요.

너무 흥미로워요. 아, 흥미롭다고 하면 안 되지 이게…

오늘 아뇨, 저도 흥미로워요. 이렇게까지 일이 난장판이 될 줄 몰랐어요.

채플에 무지개 옷을 입고 들어가실 때는 이 정도로 일이 눈덩이가 되어서 굴러올 줄 몰랐던 건가요?

오늘 그렇죠. 학교에서 보수적인 신앙을 성찰하지 못하는 분들의 비율이 일 년이 다르게 확 높아지고 있었어요. 선배들이 졸업하니까 저희밖에 안 남은 거예요. 당시 대학원생이었던 저희는 위기감을 느꼈어요. 학교 안에 진보적인 신학을 공부하거나 관심이 있는 사람들과 연결될 수 있는 장 자체가 없어지니까 오버 페이스를 냈는데, 거기서 터졌죠.

사실은 그게 저희 스스로 떳떳하지 못한 부분을 속죄하는 차원의 일이기도 했어요. 피케팅을 하는 게 메시지를 더 뚜렷하게 전하는 행동이었거든요. 근데 학교에서 하지 말라고 했어요. 그래서 저희는 모호하면서도 용인될 만한 수준의 무엇을 찾았던 거예요. 이미 몇 년 전에 선배들이 했던 퍼포먼스였으니까요.

그런데 왜 오늘 님이 할 때 갑자기 문제가 된 거예요?

오늘 학교를 둘러싼 정치 지형이 '학교 안에서 뭐 하나만 걸려라'하고 기다리던 상황이었어요. M교회 세습 문제*로 교단 내부에 갑론을박이 있었을 때 여론을 주도했던 진영에 저희 학교가 있었거든요. 초반에는 교수, 학생 할 것 없이 문제를 제기하고 집단으로 행동하는 화력이 되게 좋았어요. 언론도 많이 탔고요. 근데 M교회에서는 이렇게 반대 입김이 있을 줄 몰랐던 거죠. 그래서 학교를 쥐고 흔들 만한 카드로 저희 사건을 키웠다고 들었어요. 그전까지는 학교도 "동성애는 무조건 죕니다"라고 하면 학생들이 난리 날 걸 아니까 그렇게 말을 못했어요. 근데 압력이 들어오니까 저희를 희생양으로 삼았죠.

아, 그런 거였구나. 전에 기사에서 똑같은 퍼포먼스를 선배들이 했다는 얘기를 봤거든요. 왜 갑자기 오늘 님 때 와서 문제가 됐을까 싶었어요.

---

* M교회는 서울 K구 M동에 위치한 거대 교회(megachurch)로, M교회를 개척한 K목사가 은퇴를 앞두고 교단 법을 어겨 가며 자기 아들 목사에게 세습을 감행한 사태를 말한다.

오늘 교수들이 강단 있게 "여기는 공부하는 곳입니다. 이런 건 할 수 있습니다. 내가 책임지겠습니다." 말해 줬으면 좋았을 텐데…. 근데 뭐, 어쩔 수 없었겠죠.

단절과 박탈

저번에 만났을 때 오늘 님이 어머님 배 속에서 서원*을 받았다고 했잖아요. 어려서 갈 길이 정해지는 경우가, 또 그 길을 그대로 가는 경우가 요즘엔 흔치 않은 것 같아요. 대부분 어렸을 때부터 "앞으로 뭐 할 거니?" 이런 질문을 계속 받잖아요. 제 부모님이 은퇴 후를 고민하시는 모습을 보면 죽기 전까지 저 질문이 따라다니는 건가 싶어요. 어렸을 때 저는 당차게 대통령이 되고 싶다고 대답했는데요. (웃음) 이젠 그런 질문 좀 그만 받고 싶어요.

어려서 서원을 받은 오늘 님은 저 질문을 다른 방식으로 받아들이지 않았을까 싶기도 해요. '뭘 하면 좋을까?'라고 생각하기보단, '내가 갈 길이 있는데 그 길을 어떻게 하면 잘 갈 수 있을까? 의미 있게 그 일을 할 수 있을까?' 그러니까 앞날을 떠올릴 때 '무엇'이 아

---

* 하나님에게 약속하는 것을 의미한다. 어머니 배 속에서 서원하는 것은 배 속의 아이가 커서 목사가 되겠다는 것을 의미한다.

니라 '어떻게'를 생각하셨을 것 같은데요. 갑자기 그 일을 할 수 없게 되었을 때 심정이 어땠을지 상상이 잘 안 돼요.

오늘 시간이 지나면서 그 사건을 대하는 태도가 많이 달라졌어요. 심리 상담을 2~3년 가까이 하고 있는데, 선생님도 저도 느끼고 있어요. 초반에는 '목사가 아니어도 뭐든지 못하겠어?' 하고 막연하게 생각했어요. 목사라는 게 나한테 어떤 의미인지 잘 몰랐던 것 같아요. 그러니까 그 사건으로 내가 뭘 잃은 건지요. 왜 목사가 되려고 하냐는 질문에 항상 답을 잘 못했어요. 당연히 되어야 하는 것이었으니까요. 초등학생 때 장래 희망을 그리라고 하면 저는 그림 속에서 설교하고 있었거든요. 주변에 다 목사밖에 없었고, 그들을 통해 만나는 건 또 목사일 수밖에 없죠. 주중에 학교 갔다 오면 교회에서 하는 프로그램에 참여하고, 주말에도 교회에 가고요. 너무 익숙했어요. 근데 목사 고시에서 떨어지니까 할 수 있는 게 아무것도 없는 거예요. 일할 수 있는 곳이라 생각했던 곳이 교회, 아니면 교회랑 관련된 기관들이었는데 그런 기회 자체가 다 없어져 버렸죠. 근데 이제 보니 내가 목사가 되고 안 되고만의 문제는 아니었더라고요. 그냥 내던져진 기분이었어요. 뭔가를 다시 할 수 없을 것 같고….

그런 상황에서 슬펐던 게, 제가 소중하게 생각하고 있었던 길을 못 가게 된 것임에도 불구하고, 스스로를 위로하거나 위로받기보단 엄마·아빠를 먼저 위로해 드려야 했어요. 제 진로는 부모

님의 신앙적인 결단이기도 했으니까요. 할아버지는 아직도 제가 곧 있으면 군대 가서 목사 하는 줄 알고 계시거든요. 그게 자랑이세요. 친구 목사님들한테도 얘기하시고…. 만약 이 일을 알게 되시면 어떻게 될지 모르니까, 얼마나 충격받으실지 모르니까 말을 못하죠. 가족들이랑도 거의 끊겼어요. 누가 뭐라 하지 않지만, 괜히 죄인처럼 느껴져서 명절에도 못 가고 결혼한다고 해도 사촌 집에 못 가요. 제가 그곳에 있어도 되는지 모르겠더라구요. 이 상황이 주변과의 큰 단절로 다가왔고, 저를 우울한 상태로 내몰았던 것 같아요. 사실만 놓고 보면 목사가 되지 못한 것뿐인데, 목사라는 정체성이 제게 근본적이었나 봐요.

오늘 님이 목사가 되는 데 배경이 되었던 가족 공동체와의 단절이 있으셨던 거군요…. 시간이 지나면서 생각하는 게 달라졌다고 했는데, 어떤 변화가 있었나요?

오늘 이전에는 '일단 목사가 되고 난 다음에 더 생각해 봐야지'였어요. 특히 군종사관후보생*으로 선발되고 나서는 더요. 다른 신학생들은 신대원(신학대학원)을 졸업해야 가능한데, 군종사관후보생은 신대원 과정에 목사가 될 수 있어요. 그러니까 쉬웠

---

* 군종 장교로 임관할 예정인 학생을 의미한다. 군종사관후보생은 신학 관련 학과에 재학 중인 22세 이하의 1, 2학년을 대상으로 1차 시험인 국어, 영어, 한국사, 윤리 등의 사회탐구 과목과 2차 시험인 면접과 신체검사를 통해 선발된다.

죠. 그때 고민의 폭이 "한국에서 목사 할까? 아니면 외국에서 목사 할까?" 정도였어요. 해외 기독교 교파에서는 제가 하는 고민과 관련하여 어느 정도 논의가 된 상태고, 제가 한 활동들도 좋게 볼 테니까요. 실제로 초대도 있었고요. 그런데 사건 이후에는 '목사가 되고 싶은가? 아닌가?'를 계속 질문했어요.

중간중간 마음이 계속 바뀌더라고요. 어떨 때는 '내가 되고 싶은 목사는 되기 너무 어렵다. 기반이 없는데 어떻게 할 수 있지?' 하다가도 '그래도 좋은 목사가 되고 싶다' 했죠. 지금은 목사가 되고 싶긴 한데, 도달해야 할 목표로 생각하지는 않고 지향할 방향성 정도로 생각하고 있어요. 그래서 일단은 기반을 잘 닦아 놓으려고요. 독립적으로 서기 전에는 목사가 되고 싶지 않다는 생각이 드는 걸 보니 이제는 목사라는 직업에 대해 자기 객관화가 된 것 같아요. 저에게 목사라는 직업의 의미가 좀 더 무거워졌다고 할까요?

같은 길을 걷고 있는 다른 분들에 비해서 오늘 님이 조금 더 빠르고 확실하게 목사가 될 수 있으셨던 거예요? 목사계의 엘리트…? (웃음)

오늘 능력주의 사회에서 시험으로 능력을 증명한 사람으로 비치니까 혜택이 많았어요. 군종사관후보생으로 혜택이 많았지만, 군목부대에서 기독교를 믿는 장병들의 신앙 생활과 관련된 일을 맡아보는 목사이 되면 또 혜택이 많아요. 선배들이 군목의 보람과 어려움에 대해서 설명해 줬거든요. 그런 얘기를 들으면 '좋다, 나도 저런 거 하고 싶다' 그런 생각을 했어요. 뭐, 해본 적도 없는데 아쉬워하는 게 웃기죠. 저는 아마 잘 못했을 것 같아요. (웃음)

이제는 그 혜택이 다 없어지고, 심지어 나이가 꽤 찬 상태에서 장교가 아니라 일반 병사로 군대에 가게 되셨는데 걱정되지 않으세요? 오늘 막 대위를 단 장교와 동갑일 거예요. 일단 나이를 먹었다는 것에서 오는 위기감이 크죠. 군대에서 나올 나이를 생각하면 숨이 막혀요. 그 시간에 뭘 못하는 거니까, 그게 제일 힘들어요. 그리고 제가 원래 남초 집단 문화에 적응을 잘 못했어요. 남고 생활할 때도 너무 힘들었거든요. 그게 불현듯 생각나네요. 그거 말고는 몸만 안 아프게 갔다 오면 좋겠다고 생각해요. 지금 디스크로 목이 좀 안 좋아서요.

지금 상태가 병역 면제 기준에 충족이 안 되는 거예요? 종종 못 움직이신다고 했잖아요. 전에 샤워하다가 그대로 굳으셔서 옴짝달싹 못하셨다는 얘기를 들었을 때 깜짝 놀랐어요. 제 주변 또래 중에는 디스크가 그렇게 심한 친구가 없거든요. 전에 만났을 때 오늘 님이 군대 가신다는 얘기 듣고 너무 걱정되더라고요. 오늘 님 행군 가면 어떡해요?

오늘 아픈 거는 문제가 안 되고 아파서 못 움직이면 문제가 돼요. 병원에 못 움직일 때 갔어야 되는데, 움직일 때 갔어요. 행군하다가 쓰러져야죠. 아마 진짜 그럴 거예요. 못 걸어요. 근데 뭐, 만에 하나 건강해져서 나올 수도 있죠. (정적) 그런 가능성은 없겠죠? (웃음) 에이 그래도 차라리 잘 된 게, 이제는 제 이야기를 할 수 있는 나이가 됐으니까요. 너무 어려서 갔으면 그런 거 잘 못했을 것 같아요.

다양한 사람들을 연결하는 언어

신학 공부가 왜 그렇게 좋으세요? <무지개신학교>도 오늘 님이 만들자고 제안하셨잖아요.

오늘 처음에 신학 공부는 해야 되니까 하는 거였어요. 근데 교단 내에서 목회자 후보생으로서 지위가 불안정해지는 경험을 하고 나니까 당위적인 이유로 목사를 할 필요가 없어지고, 목사에 대한 제 태도가 달라지면서 신학을 대하는 태도도 달라졌어요. 저는 신학이 해석의 전통 위에 있는 학문이라서 좋아요. 기독교 전통과 역사가 오래된 만큼 다양한 해석들이 존재해 왔거든요. 그래서 성경이라는 텍스트를 가지고 어떤 이야기를 만들어 낼 것인지가 관건이에요. 성경 자체가 여러 이야기꾼의 이야기가 모인 작품이고, 신학자도 그런 전통 위에 서 있거든요.

그리고 그런 해석들로 사람들을 연결시킬 수 있는 이야기를 할 수 있는 것도 재밌어요. 저는 신학이 서로 다른 사람들이 그 모습 그대로도 괜찮을 수 있는 장소를 만들 수 있는 언어 같거든요. 그러니까 저를 설명할 수 있는, 그리고 나의 주변 사람들을 설명할 수 있는, 그리고 연결시킬 수 있는 언어인 거죠. 저는 좋은 이야기꾼이 되고 싶어요.

그런데 제가 학교에서 느낀 부족한 지점은, 사회에서 무슨 말이 오가는지 너무 모른다는 거였어요. 사회에서 오가는 말들 안에서 어떻게 신학을 번역할 것인지, 지금 이 상황에서 신은 무엇이며 종교는 무엇인지, 그런 논의가 안 되는 게 아쉬웠어요. 재밌는 이야기를 만들어 내려면 공부를 진짜 많이 해야 하잖아요. 저는 신학 전공 커리큘럼에 사회학이나 정치학이 있으면 좋겠어요. 신학도 사람을 공부하는 건데 세상이 어떻게 돌아가고 있는지, 어떻게 사람을 연결시킬 수 있는지 알 필요가 있죠.

이야기요? 『성경』을 이야기로, 신학자를 이야기꾼으로 보는 게 재밌네요.

오늘 어렸을 때 『성경』이 하나님 말씀이라고 하니까 천사가 완성한 책인 줄 알았는데, 그렇지 않잖아요. 『성경』 안에도 간극이 큰 글이 많아서 '왜, 어떻게 이런 이야기를 했을까?' 하면서 보면 놀라운 지점들이 있어요. 그 간극을 찾아 상상력으로 채우는 작업에 흥미를 느끼고 있거든요. 이를테면, 아기 예수를 맞는 장면에 잠깐 등장하고 사라진 동방박사들의 이야기를 한번 채워 보는 거예요. 메소포타미아 지역에서 온 동방박사가 예수를 만나서 보물을 바치잖아요. 메소포타미아 지역은 다양한 방면으로 발달한 사회였는데, 그 지역의 학자들이 그냥 왔을 것 같지 않아요. 그들이 그냥 점성술사가 아니라, 밤하늘을 관찰하고 규칙성을 찾아서 미래를 예측하는 학자였다고 상상해 보는 거죠. 거대한 제국들의 흥망성쇠 속에서 그 지역의 학자들이 시대적 사명을 갖게 된 거예요. 그들이 사상과 종교의 한계에 맞닥뜨렸을 때 새 시대에 대한 일말의 징후를 별에서 발견해서, 그 가능성을 당시 억압에 시달리고 있던 나사렛에서 찾을 수 있겠다는 생각으로 길을 떠났다고요.

동방박사들이 예수에게 바쳤다고 하는 황금, 유향, 몰약이라는 보물을 지나간 시대가 축적한 물질적 상징으로 본다면, 지금 기독교의 역할이 끝났다는 상상도 해보게 돼요. 기독교가 2000년 동안 지속되면서 사상적·역사적으로 축적한 것이 많지만, 물질적으로 축적한 것도 어마어마하잖아요. 기독교를 이대로 유지하려고 노력하기보다는 가지고 있는 걸 어떻게 흘려보낼지 고민하는 것도 재밌을 것 같아요. 오늘날의 나사렛이 어디인지 찾고, 그 물질을 흘려보내는 노력을 하는 기독교학자들이 지구 어딘가에 있다고 상상해 보는 거죠. 현 구조의 한계를 너무나도 아프게 맞닥뜨린 학자들이 절규하는 마음과 일말의 희망을 동시에 안고 어디로 가서 어떤 아이에게 보물을 바칠까? 그런 소설을 써 보면 재밌지 않을까 싶어요.

오늘 님과 <무지개신학교>도 신학으로 다양한 이야기를 만들려는 작업을 하시나요?

오늘 학부 시절부터 '도시빈민선교회 암하아레츠땅의 사람들'라는 동아리에서 활동했어요. 신대원에 진학하면서 우리가 뭘 공부해야 할까 생각하다가 '소수자'에 집중하게 됐고요. 변두리에 내몰린 사람들, 목소리가 없는 사람들 말이에요. 왜냐하면 저희는 신이 당파적이라고 믿거든요. 그러니까 모든 인간은, 모든 존재는 신이지만, 그럼에도 목소리를 빼앗긴 사람들 가운데 있고, 곁을 내주는 게 제가 믿는 신이에요.

그런 신학을 하고 싶어서 학교 안에서 강좌를 열었고, 활동이 쭉 이어진 게 <무지개신학교>예요. '왜 신학교에서 이 정도 말도 못하지? 왜 목소리가 없는 사람들의 상황을 유독 민감하고 조심스럽게 받아들이는 거지?' 근데 조금 치기 어렸죠. (웃음) 아는 것도 많이 없었고 어렸기 때문에 "신학교, 우리가 까짓것 하지 뭐" 할 수 있었어요. 저는 제가 할 수 있는 만큼 공부하려고요. 민망하지만 이름은 만들어 놨으니까 능력 있는 분들이 와서 가져가시면 되죠. 진짜로요.

저희가 당장 성과를 내지 못하고 있지만 그래도 신학에 대한 방향성을 좀 잡고 싶어요. 대학교들이 이용자, 기업 중심으로 학제가 편성됐잖아요. 노동자로 쓸 만한 사람들을 길러 내는 방식으로요. 신학교도 마찬가지예요. 그래서 〈무지개신학교〉는 학습자 중심의 교육은 뭘까, 능동적이고 자발적인 학습이란 뭘까, 그리고 지역주의를 넘어서는 연결은 어떤 것이 있을까, 신학이 어떻게 재구성되어야 할까, 우리가 사람들을 연결시키는 언어를 개발하기 위해서는 어떤 공부를 해야 할까, 이런 질문을 많이 던지고 싶어요.

당사자로부터 시작되지만 당사자에서 끝나지 않는

〈무지개신학교〉의 행사에 오시는 분들이나 〈무지개신학교〉 기획에 참여하시는 분들 사이에 공통점이 있을까요?

오늘 기독교 신앙이 있으시죠. 아, 없으신 분도 계시구나. 기획단 중에 관심은 있으신데, 기독교인으로 호명되는 게 익숙하지 않으신 분도 계세요. 그래도 대체로 기독교 신앙을 가지고 계시고, 그리고 그보다는 조금 덜 대체로 신학을 전공하시고요. 교회나 신학교 안의 담론에 한계를 느끼는 분들이 여기서는 어떤 이야기를 할 수 있는지 궁금해서 오시는 것 같아요. 저희가 지향이나 장애 여부를 물어보지는 않아서 어떤 당사자성이 있는지는 잘 모르겠네요.

요즘 <무지개신학교>에서 특히 장애와 관련한 행사를 많이 여는 것 같더라고요.

오늘 〈무지개신학교〉에서 처음에 강좌를 열었을 때, '몸'이라는 키워드로 미술 워크숍을 했어요. 여성, 퀴어, 장애와 같이 다양한 몸과 맞지 않는 기준이나 질서에 대해 생각하고, 우리가 몸에 대해 가지고 있는 생각을 성찰하면서 자기 몸과 친해져 보는 워크숍이었는데요. 워크숍 수강생으로 왔던 진우가 그걸 계기로 기획단에 들어왔어요. 그러면서 회의하거나 놀러 갈 때, 행사의 동선을 짤 때 기준이 아예 바뀌게 됐어요. 휠체어의 접근성을 고려할 수밖에 없으니까요. 그러면서 이게 우리가 꾸준히 관심을 가져야 할 문제겠구나 싶었고, 직접 만나는 게 중요하다는 생각도 들었죠. 일단 만나면 뭔가 시작되는구나.

처음에는 '장애신학'을 비판적으로 발전시키는 작업을 하고 싶었는데, 내부 역량으로는 쉽지가 않았어요. 그러다가 진우가 활동가의 삶을 시작하게 되었거든요. 원래는 목회자 후보생이었는데, 목회자 후보생이라면 응당 거쳐야 할 과정이 비장애인의 몸을 기준으로 만들어져서 진우는 할 수가 없는 거예요. 신학교

과정 중에 필수적으로 기숙사 생활을 해야 하는 학기가 있어요. 저희 교단 명칭으로는 '경건학기'라고 하는데, 그 기간에는 기숙사에서 일종의 수도원처럼 생활해요. 아침에는 새벽기도에 참석하고, 청소 등의 노동을 하고, 통금 시간을 지키고 밤마다 함께 모여 예배를 드리고, 일정 시간 이후로는 침묵을 지키는 과정인데 정작 그 기숙사에 진우가 들어갈 수 없었던 거죠. 그리고 목사가 되기 위해서는 말하자면 인턴의 기간도 필요해요. 마찬가지로 교회 내부에 휠체어가 들어가기 어려운데 어떻게 교회에서 그 과정을 거치겠어요. 인턴 과정에서 교회가 요구하는 것들 중에는 차량 운행, 아이들과 함께하는 체육 활동 등도 있거든요. 사실상 비장애를 상정한 것들이라, 진우가 실제로 이력서를 제출했을 때 많이 난감해했다고 하더라구요.

그러면서 '어떻게 하면 진우의 목소리를 더 전달할 수 있을까? 진우가 지금 이야기해 줄 수 있는 게 뭐가 있을까?'를 많이 고민했던 것 같아요. 2020년에는 좀 거창하게, 코로나를 거울로 삼아서 국가체제, 생태, 안전하지 않은 '집', 혐오 등의 문제를 쭉 다뤘어요. 코로나 국면이 지속된 2021년에는 진우가 코로나에 걸리면서 겪게 된 사각지대를 알게 되었어요. 진짜 "살아남은 게 용하다"라고 말할 수밖에 없는 어려움들, 이런 게 어떻게 바뀌어야 하는지에 대한 강의를 열었죠. 코로나가 끝난다고 해서 바뀌는 게 아니잖아요. 그 강의를 기점으로 일단 공부를 꾸준히

하자는 의견이 모여서 책 읽기 모임을 하고 있어요.

장애인 당사자인 진우 님이 <무지개신학교>에 계시기 때문에 '장애신학'을 고민하시는 걸까요?

오늘　저는 <무지개신학교>에서 진우를 중심으로만 장애 이슈를 다룬다면 문제가 있다고 얘기했어요. 진우가 당사자이기 때문에 충분히 말할 수 있어야 하지만, 진우가 아니더라도 우리가 꾸준히 공부해야 된다고요. 당사자 정치를 넘어서려는 노력이 계속될 것 같아요. 왜냐하면 한 사람만 하더라도 정체성이 너무나 다양하잖아요. 진우가 장애인으로만 정체화하지는 않으니까요.

당사자이기 때문에 소수자의 문제를 다루는 게 아니라면, 구체적으로 '장애신학' 외에도 어떤 것들을 어떻게 신학의 차원에서 살피고 계시는지 궁금해요.

오늘　당파적인 주장을 할 때 저는 크게 두 가지가 있다고 생각하거든요. 첫째는 "하나님이 이렇게 하라고 했기 때문에 해야 된다". 예를 들면 "하나님이 약한 사람들이랑 잘 지내라고 했어. 그러니까 우리는 잘 지내야 돼"라고 주장하는 것. 둘째는 "아니야, 하나님이 바로 그런 존재야. 그렇기 때문에 우리가 하나님을 믿는다는 건 우리 모든 존재가 그 모습 자체로 존중받으며 함께 잘 사는 거야"라고 주장하는 것.

예를 들면 동물신학에서 "하나님이 동물을 먹지 말고 같이 잘 지내라고 했어. 동물이 핍박받는 건 하나님이 원하시지 않아"라고 하는 게 첫번째 주류적인 접근이에요. 근데 저희는 하나님의 동물성을 고민해 보는 거죠. "하나님이 동물이다"라는 주장을 우리는 못하나? 왜 하나님을 인간적인 모습으로만 볼까? 하나님에게는 인간적인 면모로 설명되지 않는 부분들도 많은데? '장애신학'에서도 마찬가지예요. "하나님이 아픈 사람들을 고쳐 줬잖아. 교회와 기독교인들의 역할은 이런 거야"라고도 이야기할 수 있지만요, 전지전능함도 장애의 측면에서 바라볼 수 있지 않을까 생각해 보는 거예요. 하나님의 전지전능한 상태를 ADHD의 측면으로 바라보는 식으로요.

저희 기획단 분 중에 한 분이 여성 그리스도인 크리스타*의 가능성 연구를 하셨거든요. 그동안의 그리스도론에 대한 페미니즘적 접근은 그리스도에게서 여성적인 면모를 드러내는 방식이었다고 알고 있어요. 그런데 그분의 작업은 그게 아니라, "그리스도 자체가 여성이라면 우리에게 어떻게 다가올까?"였어요. 이

---

* "크리스타(Χριστα)는 남성형인 그리스도(Χριστός)의 어미를 여성형으로 바꾼 것이다. 기독교 역사에서 그리스도의 '여성성'은 종종 논의되어 왔으나, 크리스타는 그를 넘어 '여성'으로 육화한 것이다. 이렇게 여성의 몸으로써 구체적인 유사성을 확보한 크리스타는 '남성-그리스도'(Christolatry)의 우상을 허물고, 교회 안에 남아서, 교회 여성들을 위해 교회 여성들과 함께 상호구원을 이루어 나갈 수 있게 한다."(홍다은, 「여성주의 기독론으로서 '크리스타'(Christa)의 가능성과 필요성 연구」 이화여자대학교석사학위논문, 2021)

런 작업들이 퀴어 이슈에서도 이미 일어났어요. 하나님의 퀴어함을 드러내기보단 "예수 자체가, 하나님 자체가 퀴어다"라고 주장하기도 하니까요.

이렇게까지 기독교 신학이 다양한 영역으로 뻗어 나갈 수 있군요. 하나님이 여성이고, 퀴어이고, 동물이고, 장애를 가졌다고 본다면 뭐가 달라지나요?

오늘 "하나님이 동물이랑 잘 지내라고 했어"라고 하는 거랑 소 자체가 신神인 거랑은 아예 다르잖아요. 사람들에게 인식론적인 전환이 있을 것 같아요. 이를테면 하나님이 기독교인들에게 신이 되는 것과 같은 방식으로, 소나 개나 비둘기에게 신이 되는 하나님을 상상해 보는 거예요. '하나님은 그들에게 어떻게 다가갈까? 우리가 흔히 상상하는 인간의 모습은 절대 아닐 것이다.' 그렇다면 그들에게 나타나는 하나님의 모습을 상상해 보는 거죠. 그들의 모습을 한 신을요. 그들의 모습으로 나타난 낯선 모습을 보고도 여전히 우리의 신이라고 고백할 수 있다면, 그때 우린 가축 혹은 유해 동물로만 느꼈던 그들에게 어떤 감정을 느끼게 될까? 어떻게 다르게 보게 될까? '우리'의 범위와 관계는 어떻게 달라지게 될까? 그런 게 궁금해요.

그리고 당사자에게는 자긍심이 생기게 될 수도 있을 거라고 생각해요. "우리 모두의 신이다"라고 얘기할 때 사실은 신이 특정

함께 살 수 있을까

한 이미지로만 상상되잖아요. '우리의 신'이라고는 하지만, 장애가 없는 훈남 백인 남성을 재현하는 특정 신인 거죠. 그 외의 신을 떠올리려 해도 사실 쉽지 않을 거예요.

근데 이런 작업을 할 때 비판이 항상 따라요. "그럼 개구리 신도 있다는 거냐? 이게 무슨 신학이냐?", "그런 건 되게 특수한 거다, 보편적이지 않은 거다." 보편적이지 않은 것이 열등한 것이라고 말하는 비판들이요. 근데 지금 보편이라고 믿는 것 또한 특수한 거잖아요. 사실 모든 것은 특수한 상황에서 만들어진 거니까요. 무한 상대주의를 이야기하고자 하는 것은 아니고요. 사실이 그렇다는 거죠.

신학이 이렇게 재밌을 수도 있군요. 왜 오늘 님이 신학 공부를 계속하고 싶어 하셨는지 이제 좀 알 것 같아요. (웃음)

다름이 일소되는 공간

제가 종교가 없어서 그런 걸지도 모르겠는데, 오늘 님 이야기를 듣다 보니까 궁금한 게 생겼어요. 저는 고등학교는 대안학교를, 대학교는 사회운동이 활발한 곳을 거쳐서 인문학 공동체에서 공부하고 있거든요. 어느 순간 돌아보니 만나는 사람들이 거의 다 사회 문제

에 관심이 있거나 책과 가까운 사람들인 거예요. 다른 친구들 얘기도 들어보면 대부분 비슷한 것 같아요. 나이가 들수록 비슷한 직종이나 가치관을 가진 사람들만 만나게 되는 듯하거든요. 그런데 신앙을 중심으로 모이면 조금 다르지 않나요? 신앙이 같지 않았다면 도저히 만나지 않았을 법한 사람까지도 만나게 되지 않는지, 만약 그렇다면 다른 부류의 사람들과 어떻게 만나고 소통하는지 궁금해요.

오늘 말씀하신 것처럼 교회는 여러 사람이 만난다는 점에서 특이한 공간이긴 한데요. 그게 다양함이 탈색되기 때문에 가능한 것 같아요. "이 카톡방에서 정치 얘기 금지입니다", "여기서 선거 관련 이야기하면 강퇴됩니다" 이런 느낌인 거죠. 할 수 있는 말이 한정적이고 표층적이라서 할 말이 없어져요. 그래서 드라마 아니면 애들 키우는 거, 이런 말밖에 못 나누는 게 아닌가 싶어요. 같은 동네에서도 어떤 분은 배달하시고, 어떤 분은 부동산 투기하시고, 어떤 분은 대대로 잘사세요. 근데 교회 와서는 그런 거 일절 얘기 안 하시거든요.

신학의 방법론에 사람을 이해할 수 있는 언어가 진짜 없는 것 같아요. 군상이나 군상의 관계를 해석할 틀이 너무 없어요. 교회에 다양한 사람들이 오지만, 교회가 다양함이나 다름이 존중되는 의사소통을 하려고 하거나 그로부터 인식을 확장하는 방향으로 가지는 않아요.

오늘 님이 신학교 채플에서 동성애 관련 퍼포먼스를 하고 징계를 받은 것도 혹시 다양함이 드러날까 봐 일소해 버린 걸까요?

오늘 그렇죠. 중립, 객관을 해치는 '편향된 거'에 병적인 거부감이 있어요. 특히 저희 교단 문화는 좀 그런 것 같아요. "보수적이다"라는 말을 안 좋아해요. "중도적이다", "객관적이다" 이렇게 말씀하시죠.

중도적이다…. 중도적이라는 말이 답답하게 느껴지네요.

오늘 아무것도 못하게 만드는 느낌이 있죠. 저는 '중도'라는 게 허상이고, '객관'이라는 것이 가능하지 않다고 생각해요. 그래서 그걸 깰 수 있는, 거기서 한층 더 다른 상상을 할 수 있는 이야기를 만들어 내고 싶은 욕구가 있어요. 주류 분위기에 반론을 제기하는 것도 그런 맥락에서거든요.

그래도 교회나 신학교에서 장애인이나 동성애자라는 이유로 대놓고 배제되거나, 그 당사자가 위협감을 느끼는 일이 발생하진 않죠?

오늘 그렇죠. 그런데 일단 저는 교회에서 장애인을 본 적이 없어요.

아 진짜요?

오늘 중간에 장애인이 되신 분이 한 분 계셨는데, 그 경우를 제외하면요. 동네 교회들은 작다 보니까 오기가 힘들죠. 엘리베이

터도 없는 경우가 태반이고요. 그리고 제가 다니던 교회에서는 커밍아웃하신 분도 본 적이 없어요. 근데 아마 누군가 커밍아웃을 했다면, 아니면 오픈리 퀴어자신의 정체성이나 지향성을 숨기지 않고 공개하는 퀴어가 왔다면 그것에 대해서 일절 함구하는 분위기일 것 같아요.

<무지개신학교>에서 연 강의의 보도자료 중에 "장애를 위한 시설이 갖춰져 있는 교회가 있긴 한데, 그게 장애인을 위한 게 아니고 고령화를 위한 것이다" 이런 말이 있더라고요. 그걸 보고 놀랐던 기억이 나요.

오늘 그렇죠. 접근성이 잘 안 돼 있는 것 같아요. 총회의 관련 기관의 연구나 결의에 기반한 지침이 일선 교회 현장까지 전달이 잘 안 된다고 하시더라고요. 강제할 방법도 없고요.

다른 이야기를 할 수 있는 장

'보편'이나 '정상'에 맞지 않는 사람들이 자연스럽게 배제되는 구조 안에 계시잖아요. 만약 저였다면 답답하거나 화가 나기도 했을 것 같아요. 혹시 그럴 때 어떻게 행동하면 좋겠다, 싶은 노하우나 지혜가 있으신가요?

오늘 저희 교단에서 동성애를 반대한다는 서약서를 쓰기 시작했어요. 저는 그전에 들어와서 안 썼지만, 목사 고시를 보려면 언제든 해야 될 수도 있는 상황이죠. 일부 교수님들이나 해외에 계신 목사님들, 교수님들은 그냥 하라고 하셨어요. "그거 너희 양심 그런 거 아니다. 이미 권력이 불균형한데 살아남아야 바뀔 수 있지 않겠냐. 반대한다고 말해라." 근데 그 말을 하는 게 자기 파괴적으로 느껴지더라고요. 제 영혼이 부서지는 느낌이었거든요. 어떻게든 그 말을 안 하려고 쿠션어를 썼죠. 주어 빠진 이야기들 있잖아요. "성경은 어떻게 봅디다." 상대방이 원하는 대답을 받았다고 생각하게끔 말하려고 노력했어요.

일단 스스로가 떳떳한 것, 그게 제일 중요한 것 같아요. 저는 제가 떳떳하지 못했던 것 때문에 많이 힘들었어요. '왜 좀 더 어른스럽게, 차분하게 대처를 못했을까?' 하는 자책을 했거든요. 안 되더라도 그냥 스스로 당당할 수 있는 말을 할걸. "아, 목사님 그렇게 생각하시는군요. 근데 저는 그렇게 생각하지 않습니다." 여러 가지 쿠션어를 써서 "우리가 예수 안에서 한 몸이니까 미워하지 않습니다. 서로 이해할 수 있는 지혜가 있으면 좋겠습니다." 왜 이렇게 대처를 못했을까? 그땐 쫄아서 말하는 것 자체가 쉽지 않았지만요. 그래도 상황을 어떻게 모면할지를 생각하기보다는, 내가 내 삶을 당당하게 만들 수 있는 말을 매 순간 하는 게 중요하겠다, 그렇게 반성했어요.

이런 사건을 겪고 반성까지 하기 쉽지 않았을 것 같아요.

오늘 제가 목사가 안 돼서 힘든 것보다 제가 당당하지 못한 순간들을 계속 마주할 수밖에 없었던 게 더 힘들었어요. 근데 상태가 건강하면 이런 생각을 하고, 가끔 너무 힘들면 '찾아가고 싶다. 주소가 어딜까' 이런 생각이 들면서 얼굴이 화끈화끈거려요. 너무 화가 나서요. 그러다가 다시 '내가 좀 더 잘 대처해 볼걸' 하죠. (웃음)

다수의 기독교인과 무지개 기독교인이 함께 살아갈 수 있다고 생각하세요?

오늘 제가 되게 좋아하는 동화가 있거든요. 여름에 성경학교에서 유치부를 맡았을 때, 애들한테 정답이 정해진 종교 교육을 하는 게 싫었어요. 2018년 WCC(세계교회협의회)가 배포한 「아동에 대한 교회의 책임」이라는 문서가 있는데요. 간단하게 설명하자면, 아동에게 정답을 주입하는 대신 아동을 신앙의 여정에 있는 존엄한 존재로 바라봐야 한다는 거예요. 그래서 성경학교에서 동화로 평화교육 하시는 분을 섭외해서 부모님들 모시고 아이들과 함께 구연동화 평화 세미나를 했어요. 거기서 읽은 책인데, 『새똥과 전쟁』 아세요?

저도 그 세미나 듣고 싶네요. 『새똥과 전쟁』은 처음 들어봐요.

오늘　빨간 나라랑 파란 나라가 있어요. 두 나라 사이에 오해가 생겨서 왕들이 서로 정복하려고 싸워요. 그래서 두 나라 다 성문을 걸어 잠갔는데 나라 안의 사람들끼리는 어떻게든 소통하는 거예요. 결국엔 사람들이 왕들에게 체스판을 주면서 싸울 거면 너희끼리 싸우라고 하고, 자기들은 서로 잘 지내거든요. 저는 그냥… 왕들이 사람들을 싸우게 만들려 해도 사람들은 함께 더불어 살 수 있는 방법을 찾으려 할 테니까, 그런 노력에 보탬이 되고 싶어요.

저희 교회에서 설교하시는 목사님들은 "우리가 어떻게 종교 기득권자를 분별해 내고 우리의 목소리를 찾을 수 있을까? 깨어 있는 성도들의 조직된 집단행동으로 할 수 있다." 그런 말씀을 많이 하세요. 너무 어렵지만, 사실 방법이 그거밖에 없잖아요. 그러니까 〈무지개신학교〉가 일말의 긍정적인 효과를 낼 수 있다면, 지속적으로 이야기할 수 있는 자리를 만들어 내는 역할일 것 같아요. 다른 이야기를 할 수 있는 장을 많이 만들어서, 우리 안에서도 서로의 다름을 이해하고 받아들일 수 있는 맷집도 기르고 방법론도 배우고, 그런 게 활성화되면 왕들에게 체스판을 쥐여 줄 수 있지 않을까요?

그게 쉽지는 않잖아요. 엄청 어렵잖아요.

오늘　그렇죠. 엄청 어렵죠.

근데 왜 해야 할까요? 오늘 님에게 어떤 의미가 있는지 궁금해요.

오늘 저한테는 안전한 감각을 주는 일인 것 같아요. 어떤 목표를 달성하려는 일이라기보다는 방향성을 갖는 일에 가까운데요. 우선은 그 길을 가는 와중에 만나게 되는 사람들이 너무 좋아요. 그리고 또 제가 미워했던 사람들을 미워하지만 않고 이해하게 되는 것도 있어요. 분노나 증오의 방향이 또렷해지는 거죠. 제가 찾아가고 싶다는 그 목사 한 명 죽어서 해결될 문제가 아니잖아요. 그 사실이 좀 빡치기도 하지만, 위로도 되거든요. 왜냐하면 누구 하나 죽어서 끝낼 수 있다면 제가 그 사람들이랑 다를 게 없어지니까요.

어제와 함께 사는 오늘

그럼 다수의 기독교인과 무지개 기독교인은 어떤 관계라고 부를 수 있을까요?

오늘 전 진짜 이렇게 생각하는데, 빚을 지고 있는 관계죠. 기독교 역사적으로 항상 주류가 있었지만, 기독교 정신을 이어 가게 하고 자양분이 되어 새로운 생명을 줬던 건 소수의 고민과 주장, 그 사람들의 삶이거든요. 그 사람들은 이단으로 몰리거나 죽고, 그들이 남기고 간 것들을 차용하는 일이 반복됐어요. 역사가

대부분 그렇지만, 기독교 역사 또한 변두리에 빚을 지고 있다고
생각해요.

**오늘 인터뷰를 하면서 오늘 님과 <무지개신학교>가 기독교 안에서
새로운 흐름을 만들어 내려고 한다는 느낌을 받았는데요. 그렇다면
기존의 것, 또 그와 분별되는 새 흐름을 뭐라고 표현해 볼 수 있을
까요?**

오늘 음, 그러게요. 처음부터 함께 살기에 대한 고민에서 시작한
건 아니었어요. 어른들이 아무 말도 못하게 하니까 "우리가 말
할 수 있고, 우리가 말하고 싶은 걸 찾아보는 장을 만들자"였죠.
그때는 미워하는 마음도 컸고, 분노나 증오도 컸어요. 그 감정
자체를 부정적으로 보는 건 아니지만, 지금 와서 생각해 보면….
다르다고 해서, 상대방이 윽박지른다고 해서 나도 그럴 필요는
없겠다, 내가 어떻게 생각하는지 설명하고 차분히 이해시키는
데 에너지를 쓰는 게 내가 더 성장하는 길이 아닐까, 그런 생각
이 들었어요.

정리해 보면 시간이 단절적인 것도 아니고, 제가 스스로 청년이
라고 미래라고 하는 것도 웃기지만, 그럼에도 계속 뒤로 잡아끄
는 관성의 힘은 있다고 생각하거든요. 오늘을 살아내려고 하는
에너지를 계속 어제로 회귀시키려는 에너지들이요. 그래서…
아 왜 이렇게 민망하지. (웃음) 기존의 것과 분별되는 새 흐름을

대조적으로 딱 나눌 수 있을 것 같지는 않지만, 그럼에도 표현해 보자면 어제와 함께 사는 오늘, 그런 게 되지 않을까요.

＊
＊＊

당신을 인터뷰하고 싶다고 말했을 때부터 오늘 님은 우려를 표했다. 본인이나 〈무지개신학교〉의 안위 때문은 아니었다. "제 말이 도움이 될까요?", "제 이야기가 인터뷰할 만한 내용일까요?" 인터뷰가 끝난 뒤에도 마찬가지였다. 인터뷰 프로젝트가 '아름다운재단'의 지원을 받은 덕분에 인터뷰이에게 소정의 사례를 드릴 수 있게 됐다. 오늘 님에게도 연락을 드렸는데 답이 한참 뒤에 왔다. 받아도 되는 건지 고민하다가 입대하느라 답장이 늦어졌다며, 오히려 나를 후원하고 싶다고 했다. "오늘 님을 비롯한 〈무지개신학교〉를 응원하고 싶은 마음으로 드리는 거예요"라는 요지의 문자를 길게 보내고 나서야 오늘 님은 계좌번호를 알려 주셨다.

오늘 님의 얘기를 계속 듣다 보니 걱정이 좀 됐다. '오늘 님을 괜히 귀찮게 한 게 아닐까?' 잠깐 고민하다가 그냥 인정하기로 했다. 세상에는 자신을 적극적으로 드러내지 않는 사람들이 있다. 자신 있게 자기 가치를 인정하는 사람도 멋지지만, 겸손하게 자신을 굽히는 사람은 더 멋지다. 어떤 사건을 맞닥뜨렸을 때 자신의 안위와 이윤을 재빨리 고려하는 사람도 대단하지만, 세상을 바라보는 자신의 시각에 의문을 던짐으로써 그 사건을 성찰의 기회로 삼는 사람은 더 멋지다. 나는 인터뷰를 통해 그런 오늘 님을 군이 끄집어내어 세상에 드러내고자 했으니 오늘 님을 귀찮게 한 게 맞다. 오늘 님이 가진 성찰의 힘은 인터뷰하는 동안에도 계속 느낄 수 있었다. 그래서 나는 인터뷰하기 전에도, 인터뷰하는 도중에도, 인터뷰가 끝나고 나서도 이런 생각을 했다. '이 사람이 목사라면 나도 교회에 다니고 싶다.'

오늘 님은 어느 날 갑자기 목사가 될 수 없다는 통보를 받았다. 그가 신학 공부를 잘 못 따라가거나, 거짓된 신앙심을 가지고 있다거나, 중차대한 윤리적 문제를 일으켰기 때문이 아니다. 오히려 그 반대였다. 그는 공부를 잘하고 좋아해서 좋은 평가를 받고 있었고, 어려서부터 신앙심을 기르며 그에 대해 진지하게 고민했으며, 윤리적인 문제를 공론화하기 위해 채플에서 무지개 옷을 입었다. 채플에서 무지개 옷을 입는 건 선배들도 해왔던 것이니 문제가 되지 않으리라 생각했지만, 좋지 않은 때와 만나 문제가 불거졌다. 앗, 그런데 '좋지 않은 때'라는 말이 적절한 표현일까? 오늘 님의 행동은 운이 좋으면 허용될 만한 일이고, 운이 좋지 않으면 처벌받을 만한 일인 걸까?

오늘 님은 태어나면서부터 '어떤 목사'가 될지를 고민하던 사람이었는데, 하루아침에 목사가 될 기회를 박탈당했다. 어떤 일들은 손쓸 새 없이 밀려와 나를 덮친다. 오늘 님의 가족, 친구, 학교, 일터… 모든 곳에서의 관계가 어그러졌다. 사회적 고립이나 다름없었다. 오늘 님에게는 1~2년 사이에 달라진 상황을 납득하고 받아들이는 시간이 필요했다. 그는 자신에게 닥친 상황을 타개하는 데 병원의 도움이 있었다고 말했지만, 나는 생략된 말 사이에 〈무지개신학교〉를 운영하며 얻었던 힘도 있었으리라 추측했다. 고통스러운 시간을 보내면서도 그는 〈무지개신학교〉를 만들자고 제안했고, 꾸준히 움직였다. 기독교 안에 다른 목소리도 있다는 것을 드러내고, 새로운 신학 방향성에 대해 고민하고, 함께 사람들을 모집해 활동을 꾸렸다. 오늘 님은 다가온 것들을 겸허히 받아들이고, 원망과 미움의 감정마저도 성찰의 기회로 삼으려고 열심인 사람이다.

이 인터뷰는 오늘 님이 군대에 가기 직전에 진행됐다. 그로부터 몇 달 뒤, 오늘 님이 군대에 간 뒤 〈무지개신학교〉 SNS에 〈무지개신학교〉 멤버들이 오늘 님이 계신 지역으로 워크숍을 다녀왔다며 사진을 올렸다. 사진에 면회 온 멤버들과 함께 웃고 있는 오늘 님이 있었다. 이런 말이 실례일지도 모르겠지만, 내 상상보다 군복이 훨씬 더 잘 어울렸다. 긴 머리칼을 흩날릴 땐 히피 같은 옷차림이 그렇게 잘 어울리더니만 머리카락을 싹 밀어내니 각 잡힌 군복이 찰떡이었다. 각 잡힌 목사님 옷도 잘 어울리겠구나 싶었다. 오늘 님이 군대에 들어간 2022년 겨울은 예년보다 따뜻했다. 기후위기를 여실히 보여 주는 현상이니 마음이 편하지만은 않았지만, 그래도 오늘 님을 떠올리면 다행이라는 생각이 들었다. 종종 연락을 주고받을 때 오늘 님은 군 생활이 생각보다 아주 나쁘지는 않다고 했다. 부디 그러기를 마음 깊이 바랐다. 어떤 날엔 오늘 님에게 캐리커처를 그려서 보내 드렸다. 인터뷰 프로젝트에 참여해 준 인터뷰이 모두에게 그려 주려고 했는데, 잘 그려지지 않아 오늘 님에게만 발송했다. 얼마 뒤 그 사진이 오늘 님 카카오톡의 프로필로 등록됐다. '이 인터뷰가 오늘 님에게 그리 나쁜 시간은 아니었나 보다' 하며 가슴을 쓸어내렸다.

〈무지개신학교〉는 여전히 활발하게 활동을 이어 나가고 있다. 인터뷰를 준비하면서 나는 '여성/소수자의 관점으로 읽는 성서의 여성 인물'이라는 강의를 듣기도 했다. 성서는 잘 몰랐지만, 매력적인 여성/소수자의 캐릭터를 실컷 만날 수 있어서 즐거웠다. 그동안 내가 부처님과 잘 맞는다고 생각했는데, 오늘 님을 통해서 다른 분들에게도 눈독 들이게 된 것 같다. 2023년 새해에 혼자 떠난 강화도 여행에서 그 사실을 느낄 수 있었다. 우연히 성공회 강화 성당에 들어갔다가 눈물을 뚝뚝 흘리며 나왔다. 교파는 다르지만, 어찌 되었든 다른 종교를 만나 울 수 있게 된 건 전적으로 오늘 님을 만났기 때문이다. 솔직히 말하자면 눈물을 그친 뒤엔 딴생각도 조금 했다. 하느님이 다른 얼굴색이나 눈동자 색, 다른 성별을 가졌다면 어땠을까 상상해 봤다. 신자가 아닌 사람이 멋도 모르고 하는 섣부르고 위험한 신성모독이었을까? 이 또한 오늘 님과 인터뷰한 뒤 처음 하게 된 생각이었으니, 다시 오늘 님을 앞세워야겠다. 나는 이런저런 곳에서 오늘 님을 종종 떠올리며 오늘 님의 예배를 듣게 될 날을 기다리고 있다.

〈무지개신학교〉

#새로운 #신학생태계 #학습자중심의 #배움공동체

1. 〈무지개신학교〉

성소수자들에 대한 위로와 연대를 표한 것이 빌미가 되어 징계를 받은 사건에 충격을 받은 징계 당사자들과 목격자들이 모여 만든 학습자 중심의 배움 공동체이다. 2020년을 시작으로 기존 신학교에서 제한되었던 다양한 사회 쟁점을 다루고 있다.

'우리의 삶을 설명할 수 있는 신학을 배울 수 있는 곳', '기존 구조에서 소외되었던 이들이 이야기할 수 있는 장', '다양한 쟁점들을 지속적으로 접할 수 있는 통로'라는 지향점을 가지고 있다.

퀴어, 페미니즘, 생태. 3가지 주제를 중심으로 시작하여 2021년부터는 비제도권, 장애 주제를 포함하였다.

2. 〈무지개신학교〉의 활동

1) 기획단(2019. 12. 13. ~ 현재) 구성원들이 소모되지 않는 운동이 가능할까? 그러면서도 의미를 가질 수 있는 운동이 가능할까? 공부, 기독교 신앙은 나와 세상을 바꾸는 도구로 유효한가? 등의 질문에 대한 실험적 사고와 실천을 함께하고자 하는 이들을 매년 기획단으로 초대하여 강의, 활동, 행사 등을 기획하고 있다.

2) 강의와 행사(2020. 3. 2. ~ 현재) 단편적으로 끝나거나 쉽게 흩어지는

마이너한 주제들을 꾸준하게 다루며, 대화와 실천의 장을 마련하려는 노력의 일환이다. 활동가, 신진 연구자, 마이너한 주제 연구자들을 선생으로 초대한다. 2020년 3월부터 현재까지 20편의 강의와 11개의 활동이 열렸다.

3) 예배(2022. 5. 17. ~ 현재) 모든 사람이 자신의 모습 그대로 있을 수 있는 순간, 안전하다는 감각을 넘어 충만할 수 있는 순간이길 바라며 예배를 준비한다. 또한 그 충만함 속에서 '나'라는 주어가 바뀌는 경험을 하길 바라며 국제 성소수자 혐오 반대의 날(IDAHOT)을 기념하여 준비한다.

3. 〈무지개신학교〉에게 연락할 수 있는 방법

페이스북: @Rainbow.Theological.Institute

이메일: rainbowtheology@gmail.com

인스타그램: @rainbow_theology

믿든 싫든 지지고 볶으면서:

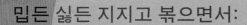

남성과 함께 사는 여성,
<들불>의 구구

＊

2020년 여름, '비학술적 학술제'에 참여할 팀을 찾을 때였다. 수소문하니 친구가 여긴 어떠냐며 〈들불〉의 SNS를 보여 줬다. '여성 독서 커뮤니티. 여성과 책을 잇고, 책과 활동을 연결합니다.'(〈들불〉의 SNS 프로필 소개 문구) 친구에게 SNS 아이디를 건네받아 그 자리에서 바로 살펴봤다. 당시 〈들불〉에서는 책을 읽고 이야기 나누는 모임뿐만 아니라, 책을 읽은 뒤 보드게임을 만들거나 등산하는 모임도 열리고 있었다. '비학술적 학술제'는 책을 읽고 탁상공론하는 대신 공부를 삶의 다양한 영역으로 가지고 오는 팀을 찾고 있었기 때문에 함께하면 딱이겠지 싶었다.

사실 〈들불〉 섭외에는 약간의 사심도 있었다. 그동안 참가 팀 중에 소수자로서 여성의 목소리를 내는 이가 없었다. 이번에는 여성의 목소리가 잘 드러나면 좋겠다고, 그래서 그 영향이 내가 속한 팀인 〈길드다〉에까지 닿았으면 좋겠다고 생각했다. 인문학 공동체는 대개 중장년 여자로 구성되어 있는데, 극소수인 청년들은 아이러니하게도 거진 남자다. 〈길드다〉 역시 멤버 변동이 조금 있었지만, 5년 동안 남자 멤버가 절반 이상이었다.

우리가 여는 독서 모임은 그 규모가 크면 클수록 남자의 비율이 높아졌다.

뭐라고 딱 꼬집어 말할 수 없었지만, '비학술적 학술제'에서도 〈길드다〉에서도 갈증을 느끼고 있었다. 동성 친구가 적어서 아쉬운 건 아니었다. 나는 남자인 친구들에게서 거칠지만 담백하게 일하는 법을 배웠고, 그들과 10년에 걸친 까끌까끌하고 투박한 우정도 쌓았다. 내 갈증은 함께 공부하고 일하는 데 젊은 여성의 문화 코드가 거의 반영되지 않는다는 것에 더 가까웠다. 대화하는 방식이나 농담으로 삼는 유머 코드, 일을 진행하는 방식에서 답답함을 느꼈다. 〈들불〉의 소개 페이지를 보며 이 팀과의 만남이 나의 막연한 갈증을 푸는 데 도움이 될지도 모른다는 작은 기대감이 일었다. 곧바로 〈들불〉에 연락해 미팅 날짜를 잡았다.

막상 〈들불〉의 운영자 구구 님을 만나러 가려니 긴장됐다. '어떤 차림새가 좋을까? 코르셋을 조이는 여성은 별로 좋아하지 않을 수도 있어.' 펑퍼짐한 옷을 골랐다가, 입고 나니 너무 대충 차려입은 것 같아 보여서 조금 더 단정한 옷으로 갈아입었다. '어쩌면 자기 일에 진심인 커리어우먼 스타일은 반겨 줄지도 모르잖아.' 평소에 잘 하지 않는 화장도 문제였다. 그날 따라 피로가 누적되어 안색이 좋지 않았다. 잠시 고민하다가 구구 님에게 잘 보이고 싶어서 기본 화장을 하기로 마음먹었다. 오랜만에 쿠션을 두드리고 눈썹을 그려서 그런지 거울에 비친 얼굴이 조금 어색하게 느껴졌다.

약속 장소는 사당역 인근의 시끄러운 한 카페였다. 구구 님은 무척 편한 옷차림과 방금 막 개운하게 목욕을 마친 사람 같이 발그레하고 말간 얼굴로 나를 맞이했다. 집을 나서기 전에 봤던 거울 속 어색한 얼굴이 떠올랐다. '아, 화장하고 나오지 말걸.' 말하는 방식도 약간 바꿔 봤다. 〈길드다〉에서는 남성인 친구들에게 때때로 주먹을 앞으로 내밀며 "일을 왜 그렇게 했어?" 하고 사납게 말할 필요가 있었지만, 구구 님에게는 직설적인 표현은 넣어 두고 최대한 우회해서 의사를 표현했다. 조심스럽게 〈길드다〉와 '비학술적 학술제'를 소개하며 학술제에 함께해 달라고 부탁했는데, 구구 님은 곧바로 흔쾌히 나의 제안을 수락했다.

우리의 대화는 그때부터 시작이었다. 책, 독서 모임, 일에 대한 이야기를 한참 나눴다. 구구 님은 시종일관 호의적인 태도로 대화에 귀 기울여 주었고, 자신의 이야기를 진솔하게 나눠주기도 했다. 내가 입고 간 옷, 하고 간 화장 같은 건 아무런 문제가 되지 않았다. 지나치게 우회해서 말할 필요도 없었다. 모든 걱정이 기우였다는 것을 깨닫자 집에서부터 짊어지고 온 긴장감이 서서히 풀렸다. 그렇게 방심한 사이 구구 님이 내게 갑작스럽게 질문을 던졌다. "〈길드다〉 하면서 어려운 건 없으세요?"

아무리 친한 사람일지라도 나는 이런 질문에 속내를 잘 드러내지 않는다. 어색하게 웃으며 "뭐, 쉽지만은 않죠" 하며 어물쩍 대답을 피할 때가 더 많다. 그런데 이날은 이 질문을 듣기를 기다렸다는 듯 고충을 줄줄이 털어놓고 말았다. 내 얘기를 한참하고 나서야 정신을 차렸다. '처음 보는 사람 앞에서 내가 이런 얘기를…?'

〈들불〉은 2020년 '비학술적 학술제'의 '코로나 시대에 온라인에서 새로운 장을 구축하는 청년' 섹션에서 「랜선 허그는 정말 따뜻할까?」라는 제목의 글을 발표했다. 코로나로 인해 여성 동료들을 만나지 못하게 되었을 때 구구 님은 크게 낙담했다. 여성 동료 간의 연결감은 구구 님이 여성으로 이 사회에서 살아남기 위해 꼭 필요했기 때문이다. 이에 〈들불〉은 온라인에서 새로운 실험에 착수했다. 얼굴을 맞대고 뜨거운 토론을 벌이거나 눈시울을 붉히지 못하더라도 의미 있는 만남이 가능할지 궁금했다. 당시 온라인 공간은 모두에게 어색한 것이었기 때문에 시간이 조금 필요했지만, 결과적으로 온라인상의 연결은 성공적이었다.

"한숨과 탄식, 찡그린 표정과 화사하게 구부러진 눈 같은 것들이 조금 엉성한 모습으로 짧게 스쳐 갔다. 화면과 화면으로 리액션이 공유되자, 사람들은 좀 더 자신감을 가지고 말하게 되었다. (……) 몸들이 카메라로 바짝 기울었다. 서로를 위로하고 싶을 땐 어정쩡하게 카메라 앞으로 손을 뻗어 보기도 했다. 훌쩍이는 사람이 있을 땐 카메라 앞에 휴지를 대주며 닦아 주는 시늉을 했고, (……) 누군가 힘든 얘기를 꺼내 놓으면, 진심으로 경청함과 동시에 채팅창에 '랜선 허그를 보낸다'고 적었다. (……) 어정쩡하고 어색하고 비극적인 이 시기를 실감하게 하는 방식이지만, 그럼에도 우리는 연결을 원하기 때문에 랜선으로나마 진심 어린 포옹을 시도한다."(2020 '비학술적 학술제', <들불>의 「랜선 허그는 정말 따듯할까?」 중)

구구 님은 장장 3시간에 걸친 발표 중 가장 마지막에 글을 발표했다. 그런데도 사람들은 그 어느 때보다도 집중하는 모습을 보였다. 들불을 뜻하는 불 이모지그림문자가 연이어 올라오며 채팅창이 뜨거워졌다. 여성의 목소리를 직접적으로 내는 단체가 <들불>을 제외하고는 한 팀도 없었음에도 여자들은 공감과 환호를, 남자들은 감탄과 박수를 보냈다.

구구 님과 2년 동안 연말이 되면 '비학술적 학술제'를 함께 했고, 먼 곳에서 서로를 응원했다. 나는 늘 내가 응원한 것보다 더 많은 응원을 받았다고 느꼈다. 5년간 함께했던 <길드다>를 정리한 뒤 어디에 가서 무슨 일을 하면 좋을지 몰라 방황할 때도 구구 님은 내게 필요한 정보와 정서적인 지지를 함께 보내왔다. 이 인터뷰 프로젝트 역시 구구 님이 알려 준 공모사업의 지원을 받으며 본격적으로 시작할 수 있었다.

〈길드다〉를 정리하고 여유가 생기면서 나는 〈들불〉에서 세미나를 들었는데 세미나를 진행하는 구구 님의 모습을 보며 생각했다. '구구 님이 나를 특별히 좋아하기 때문에 챙겨 줬기를 내심 바랐지만, 아마도 그런 건 아닌가 보다.' 그는 세미나가 진행되는 2시간 내내 참여한 여성들에게 진심 어린 공감을, 단단한 지지와 응원을 보냈다. 누군가의 이야기에 같이 울고 같이 화내고, 솔직하게 자기 생각을 터놓고, 호기심 가득한 눈으로 질문했다. 다른 사람의 이야기를 흡수하는 것처럼 경청했는데, 심지어 그것을 쉽게 잊거나 내려놓지 않고 꼭꼭 씹어서 소화했다.

공감, 이해, 응원, 지지. 구구 님을 보며 내가 그동안 느껴왔던 갈증의 실체를 명확하게 이해하게 됐지만, 그와 동시에 내가 구구 님처럼 할 수 없으리라는 것을 깨달았다. 여기엔 가능한 많은 이야기를 사려 깊게 듣는 수고가, 남들보다 조금 더 많이 화내고 조금 더 슬퍼할 수밖에 없는 고됨이 동반됐다. 그래서 어쩌면 구구 님이라면 알 수도 있을 것 같았다. 사회적인 고립감과 소외감을 쉽게 느끼는 젊은 여성이 어떻게 이 시절을 살아가면 좋을지, 남녀가 함께 살기 어려워 보이는 이 시절을 어떻게 보내면 좋을지에 대해서 말이다.

인터뷰는 구구 님이 평소 자주 들른다는 카페에서 진행했다. 구구 님이 큰 수술을 마친 지 얼마 안 된 때라 일정을 미루는 게 좋지 않을까 싶었지만, 그는 괜찮다며 오히려 멀리서 오는 나를 걱정해 줬다. 일찍 도착해 카페를 둘러보고 인터뷰를 준비하고 있을 때 그가 2년 전처럼 말간 얼굴로 문을 열고 들어왔다.

들에 번진 불

〈들불〉은 어떻게 시작하게 됐나요?

구구 원래는 '페미니즘'에 대한 거부감이 강했어요. 엘리트들끼리 철학 공부하는 것과 비슷하다고 생각했거든요. '강남역 살인 사건'이 나고 시위하는 걸 보면서 '아, 이게 그냥 이론의 영역이 아니고 운동의 영역이구나. 같이 공부해 보고 싶다' 했죠.

'텀블러'라는 SNS에 전투적으로 페미니즘 관련 글을 썼거든요. 부끄러워서 안 들어가고 있는 계정인데. (웃음) 텀블러나 트위터를 하는 사람 중에서 PC(political correctness)한 사람들, 또 그 중에서도 마이너한 사람들이 모여 있는 곳이었어요. 토론이 가능한 SNS였어서 거기에 모임 글을 올렸고, 그때는 이름 없는 페미니즘 모임으로 남녀 모두 모집했죠. 첫 모임에 나온 분이 저 포함해서 네 명이었어요. 남자 한 명이랑 여자는 저 포함해서

함께 살 수 있을까

세 명이 있었고, 추후에 남자 몇 명이 더 오기도 했죠.

어떤 분들이 모이셨어요?

구구 비슷한 나이대 분들이었는데, 각자 색깔이 강해서 공부하고 싶은 영역이 다 달랐어요. 어떤 분은 퀴어에 초점을 맞추고 싶어 했고, 또 어떤 분은 철학에 초점을 맞추고 싶어 했어요. 그분들의 요구를 다 충족할 수가 없어서 8개월 정도 뒤에 오픈해서 운영하자고 했죠. 그래서 그분들은 자기 모임을 만들어서 떠나고, 저는 저대로 모임을 만들면서 여성만 모집했어요.

그중 고정 멤버들과 함께 이름을 구상해 봤는데요. 어떤 분이 '들불'이라는 이름을 제안해 주셨어요. 사실 영어 이름도 고민했어요. 영어가 브랜딩이 훨씬 쉽거든요. 저는 제도권 교육 내에서 영어를 열심히 배웠고, 유학을 가고 싶어서 따로 공부도 오래 해서 영어가 편하고 좋거든요. 근데 영어가 편하지 않은 사람들도 만나고 싶었어요. 그럴 때 걸림돌이 될 만한 걸 다 없애고 싶더라고요.

가끔 친구들에게 〈들불〉 얘기할 때가 있거든요. 다들 〈들불〉을 모르는데도 뭐 하는 곳인지 알 것 같대요. 제 주위에는 사회 운동에 관심을 가진 사람이 많은데, 그런 사람들이 보기에 〈들불〉이란 이름에서 운동 조직의 느낌이 드나 봐요.

구구 맞아요. "사회학 동아리 운동권 출신이 만들었다" 그런 오해 되게 많이 받아요. 애석하게도 제가 운동권 출신인 건 맞아요. (웃음) 〈들불〉의 사전적인 의미가 '들에 번진 불'이에요. 들고 일어나자, 불길처럼 멀리 번져 가자, 이런 의미로 만들었어요. '추적단 불꽃'도 그렇고, '불'이라는 단어가 페미니즘 진영에서 파르르 타오르는, 의미 있는 단어였어요. 그런 맥락도 차용하고 싶었죠.

언니, 이런 게 페미니즘이에요?

운동권 활동은 대학생 때 하셨던 거예요?

구구 네. 제가 법대를 나왔는데 이런 낭설이 있었어요. "동아리는 절대 가입하면 안 된다. 동아리를 가입하는 순간 대학 생활이 나락으로 떨어지고 사시 합격을 못한다." 근데 저는 반골 기질도 있고 법대 건물이 동떨어져 있어서 고립된 느낌이 드는 것도 싫었거든요. 외부 동아리를 찾고 싶다고 생각했는데, 때마침 중앙도서관에서 친해진 언니가 "너 좋은 거 해볼래?" 하는 거예요. "좋은 거? 그게 뭔데요?" 하니까 "사람도 돕고 네 뜻도 펼치는 거야" 해서 " 어, 그럼 가볼래요" 하고 갔어요.

아직도 기억나는 게, 첫날 인사만 하고 저를 대뜸 앉히더니 마르크스의 이론서 같은 걸 주면서 읽고 오라는 거예요. '마르크스? 그게 누구지?' 하면서 다 읽어 갔어요. 그랬더니 갑자기 "너는 학습지 교사 시위에 갈 거야" 하는 거예요. 사실 겁이 났어요. 저희 부모님은 TV에 시위가 나올 때마다 "너는 저런 데 가면 안 된다"는 말을 자주 하셨거든요. 그런데 정신 차려 보니까 시위 현장에 있었어요. 한동안 거기서 활동했어요. 시위가 장기화돼서 다들 지쳐 가던 때, 밤낮없이 자리를 지켜야 하니까 밥을 공수할 사람이 필요했어요. 그래서 여자들이 밥을 지었는데, 저는 거기에 불만이 있어서 뒤집고 나왔죠. 그렇게 운동권을 경험한 건 1년 정도고, 이후에 어울리는 친구들이 그쪽에 많으니까 시위는 꾸준히 다녔어요.

여자들만 밥 짓는 데 불만이 있었지만, 페미니즘은 부정적으로 인식하고 있었군요?

구구 제가 요리를 엄청 싫어하거든요. '집에서도 안 하던 요리를 내가 여기서 왜 해야 돼? 근데 나랑 또래인 남자애들은 학습지 교사 당사자도 아닌데 왜 저기서 확성기를 들고 있어?' 이런 생각으로 나왔어요. 저한테 동조했던 언니가 저도 페미니스트라는 거예요. 그래서 "저는 페미니스트 아니에요. 그냥 싫은 거지." 하면서 엄청 화냈어요. 제 행동이 페미니즘과 관련 있다는 생각은 전혀 못했죠.

제가 어울리던 남자 동기들이 페미니즘이라는 단어를 들으면 버튼이 눌리는 것처럼 화를 냈거든요. 자연스레 '아, 내가 그걸 하게 된다면 이 친구들이랑 멀어지겠다'는 생각이 들었죠. 그때 여자들이 선택할 수 있는 두 가지 기로가 있었는데 하나는 여성적인 걸 어필해서 연애하는 거, 다른 하나는 털털하게 지내면서 관계를 맺는 거였어요. 저는 여성스럽지 않아서 후자를 선택했어요. "나도 그런 거 싫어. 여자들 우르르 몰려다니고 이상한 것 같아."

그럼 '강남역 살인사건'과 '페미니즘 리부트'*을 계기로 생각이 뒤집히신 거예요?

구구 페미니즘 리부트 때 제가 고시촌에서 행정고시 준비를 하고 있었어요. 저랑 같이 스터디하던 언니가 어느 날부터 안 나오는 거예요. 제가 그 언니를 엄청 따르고 좋아했거든요. 겨우 수소문해서 언니 집을 찾아가 봤어요. 근데 언니가 자기 좋다고 따라다니던 사람에게 강간당했고, 충격을 받아서 학원도 스터디도 못 나오겠다는 거예요. 아는 사람이 강간이라는 단어를 직

---

* '강남역 살인사건'은 2016년 5월 17일 새벽 강남역 한 주점 건물 공용화장실에서 남성인 가해자가 동성 7명을 지나 보낸 뒤 저지른 여성 표적 살인사건이다. 이 사건으로 많은 여성들이 오늘날 한국 사회에서 여성이 처한 위치를 자각하며 페미니스트가 되었다. 사회적으로 큰 반향을 일으켰던 이러한 일련의 흐름을 '페미니즘 리부트'라고 부른다.

접 입에 올리는 건 그때 처음 봤어요. 언니가 어떤 단체로부터 도움을 받았다고 얘기하면서 "여자들이 많이 도와줘" 하는 거예요. 그때까지 저는 제 인생에 도움이 되는 건 여자보단 남자라고 생각했거든요. 여자들은 질투가 많고 예민하니까 서로 신경 써야 할 게 많은데 남자들은 털털하니까 훨씬 편하다고요. 그래서 언니가 그렇게 얘기하는 게 좀 놀라웠어요. 그리고 한편으로는 저도 언니한테 도움이 되고 싶었고요. 그러니까 도움을 주는 여자가 되고 싶었어요.

정말 다행히도 언니가 잘돼서 고시촌을 떠났어요. 그때 자기가 페미니즘이라는 걸 알게 됐는데 너무 좋다면서 책을 줬거든요. "지금은 아니라고 생각할 수도 있는데, 너도 결국은 나랑 똑같이 될 거니까 책 읽고 연락해." 그 책 어디 있는지도 모르겠어요. 받고서 기분이 별로 안 좋았거든요. 그 뒤로 그 남자들이랑 다시 잘 지냈는데, 그들이 언니를 나쁜 사람으로 만드는 거예요. 너무 이상해서 "그 남자가 잘못한 건데 왜 그런 소문을 내냐"고 하니까 저한테도 공격을 퍼부었어요. "너도 남자 좋아해서 꽁무니 쫓아다니지 않냐"는 식으로요. 그때 다시 언니한테 연락했죠. 그러니까 언니가 "여자는 여자끼리 뭉쳐야 된다니까?" 하는 거예요. 그래서 제가 "언니, 이런 게 페미니즘이에요?" 하니까 "맞아, 별게 아니야" 하더라고요. 그때 처음 관심을 갖게 됐어요.

콘텐츠를 향유하고 생산하는 여성들

〈들불〉의 이메일 뉴스레터인 〈들불레터〉 초기에는 다양한 담당자가 나오더라고요. 〈들불〉의 '콘텐츠 디렉터' ○○님, '브랜드 매니저' ㅁㅁ님…. 지금은 어쩌다가 단독으로 운영하게 되신 건지 궁금해요.

구구 당시에 저는 회사에서 팀원으로 실무만 담당하고 있었거든요. 그런데 〈들불〉은 제가 운영총괄이니까 실무도 하고 관리도 해야 하는 거예요. 〈들불〉의 방향성을 어떻게 잡을 것인지, 어떤 리더가 되고 싶은지 갈팡질팡하던 때였어요. 그런데 팀원들이 나갔다 들어왔다 하니까 힘들더라고요.

그리고 사람들이랑 조율할 때 대화를 충분히 해야 하잖아요. 그때는 조급함이 있어서 대화하는 과정을 많이 생략하고 바로 지시하곤 했어요. 그런 방식에 저 스스로도 환멸과 답답함을 느꼈고, 상대방도 '이렇게 운영되는 게 맞나?' 하면서 떠나기도 했죠. 나의 뜻이 선명하게 생겼을 때, 〈들불〉의 방향성을 확실하게 이야기할 수 있을 때 팀원을 모집하자는 생각이 들었어요.

처음부터 지금까지 기획과 운영을 모두 맡아서 하고 계시잖아요. 〈들불〉은 구구 님에게 어떤 무게인가요? 처음 시작할 때는 창업이라고 표현하셨다가, 비교적 최근에는 사이드 프로젝트라고 쓰시는

것 같더라고요.

구구 엄밀히 말하면 창업이 맞기는 해요. 사업자 등록증도 있고, 세금도 내고, 기타 제반 비용을 전부 처리하고 있으니까요. 그런데 창업이라는 말에 대한 부담감이 컸어요. 이미 독서 모임을 하나 운영할 때 거기에 들이는 시간이 최소 3주거든요. 이 정도 노동력과 에너지를 투입하고 있는 상황에서 창업으로 세팅하려면…. 회사 다니면서 여력이 안 됐어요.

무엇보다 〈들불〉을 사업으로 정의하면 갑갑하고 재미가 없어지더라고요. 이걸 사업체라고 생각하면 사람들이 더 많은 요구를 할 거고, 저는 고객들을 만족시키기 위해서 일하는 사람이 될 것 같았어요. 동료나 친구가 좋지, 고객으로 정의하는 건 싫었죠. 그래서 프로젝트라고 해서 부담을 줄였어요. 그렇게 하니까 재미를 찾으려고 노력하게 됐고, 즐거웠어요. 그런데 지금은 창업도 사이드 프로젝트도 아니라고 생각해요. 얼마 전에 회사에서 퇴사하면서 마음먹었거든요. 평생에 걸친 운동이라고 정의하려고요.

평생에 걸친 운동이요?

구구 운동권에 있을 때 시위도 나가고 대자보도 써 봤는데, 저는 전면에 나서는 걸 그렇게 좋아하는 사람은 아닌 것 같아요. 근데 사이드 프로젝트는 저를 전면에 내세우는 게 중요하더라고요. 그게 제 성격이랑 안 맞는 거예요. 저는 그냥 뒤에 있는 게 좋아요. 그래서 이걸 운동으로 정의하면, 뭔가를 해내는 사람들 뒤에서 서포트하는 역할을 할 수 있겠더라고요. 고은 님도 저랑 비슷하지 않으세요?

맞아요. 저도 절 드러내는 걸 즐기진 않아요. (웃음) 〈들불레터〉나 〈들불〉 프로그램에 상당히 많은 양의 여성의 콘텐츠가 소개되더라고요. 얘기를 듣고 보니, 콘텐츠 생산자인 여성과 콘텐츠 독자인 여성 모두를 서포트하고 계시는 것 같기도 하네요. 여성들과 콘텐츠로 뭔가 해보려고 하시는 이유가 있을까요?

구구 〈들불〉은 책 모임이지만, 책을 매개로 여성들이 자기 얘기를 할 수 있게끔 하는 게 중요해요. 사실 책은 핑계예요. 내가 이 사람과 만나고 싶은데, 대뜸 '님 저랑 만날래요?' 이럴 수 없잖아요. 그리고 다수의 사람을 만나려면 그렇게 하기도 쉽지 않고요. 그래서 책 모임이라는 구심점을 가지고 만남을 유도한 다음에 자기 얘기를 하게 하는 거죠.

근데 이게 호불호가 있어요. 왜냐하면 책 모임이라고 생각하면 기본적으로 책 얘기를 해야 한다고 생각하니까요. 물론 저도 당연히 책 얘기를 하는데, 책 얘기만 하고 싶어 하는 분들이 있거든요. 그분들을 타기팅할 수는 없죠. 그런 분들은 한 번 참여해 보시고 잘 안 오세요. 자기 얘기를 하고 싶은 욕구가 있고, 저처

럼 콘텐츠에 대한 욕구가 있는 사람들이 〈들불〉에 계속 참여하
시더라고요.

**아, 그래서 〈들불〉의 운영 원칙 중에 '책을 완독하지 않아도 참여가
가능하다'가 있는 거군요.**

구구 책이 숙제처럼 느껴지지 않았으면 좋겠어요. 제가 '완독'을
너무 엄격하게 생각하는 걸지도 모르는데, 저는 완독했다고 말
하려면 적어도 두세 번은 읽어야 한다고 생각해요. 첫번째 읽을
때는 그냥 훑는 느낌으로 읽어요. 두번째부터 본격적으로 파고
들기 시작하는데, 그때부터가 완독으로 가는 길이에요. 근데 사
람들은 분량을 다 통과했다는 걸 완독으로 이해하기도 하잖아
요. 그건 의미가 없는 것 같아서 '완독이 무슨 대수냐. 자기가 읽
고 싶은 부분만 읽든 아니면 그 책을 그냥 사는 경험만 했든, 완
독은 중요하지 않다'고 생각하게 됐어요.

안전한 공간과 시간

**〈들불레터〉에서 안전한 공간을 소개하는 코너도 재밌게 봤어요. 안
전한 장소를 소개할 필요를 느낀다는 건 역설적으로 안전하지 않
은 공간이 많다는 이야기 같기도 하더라고요.**

구구 저는 남자가 3명 이상 무리 지어 있으면 거기를 못 뚫고 가요. 중학생 때 지하보도로 학원에 가다가 남자 고등학생들한테 돈을 뺏긴 적이 있어요. 그때는 학원비를 현금으로 가져갔거든요. 돈 뺏긴 거 자체는 그렇게 위협적이라고 느끼지 않았어요. 돈만 주면 되니까요. 근데 그 고등학생들이 저를 희롱하는 말을 했어요. 그 이후로 '지하보도는 절대 가면 안 되는 곳'이란 공식이 생겨 버렸죠. 저는 그 공식 하나만으로도 제가 갈 수 있는 곳이 충분히 제한된다고 생각하는데, 문제는 살면서 이런 공간이 꽤 많아진 거예요.

저는 남성이 도시를 점유하고 있다고 생각해요. 그래서 공간과 도시를 젠더적으로 해석한 책을 많이 읽었어요. '왜 여성은 자신의 공간을 차지하는 일로 어려움을 겪어야 할까?' 그러다 보니까 우리만의 공간을 갖는 일, 우리한테 안전한 공간을 찾는 일에 몰두하게 됐어요. 〈들불레터〉에서 소개한 공간도 우리가 갔을 때 불편한 게 전혀 없이 편안함을 느낄 수 있는 곳이었고요. 하지만 지금은 더 이상 소개하고 있지 않아요. 공간 소개가 결국엔 소비 유도가 되더라고요. '왜 여성은 돈을 써야만 안전할 수 있지? PC방은 한 시간에 천 원이면 되는데 우리는 육천 원짜리 커피를 마셔야 하나?' 아무튼 〈들불〉만큼은 안전한 공간이 되었으면 좋겠어요. 3년 후의 목표인데, 오프라인 공간을 계약하고 싶거든요.

오프라인 공간이 생기면 너무 좋을 것 같은데요? (웃음) 그럼 구구 님은 난처하게 만드는 남자를 만나면 어떻게 대처하세요? 노하우 가 있다면 알고 싶어요.

구구 얼마 전에 어떤 남자가 분리수거를 완전 난장판으로 해서 내놓는 거예요. 불러서 "저기요, 분리수거 똑바로 해서 내놓으셔야 해요" 했는데 그 사람이 말없이 저를 쳐다보기만 했거든요. 그때 순간적으로 저희 집에 침입해서 제 고양이들을 해치는 상상까지 하게 되는 거예요. 그럼에도 센 척하면서 "똑바로 하시라고요" 하니까 그냥 가더라고요. 제가 남성을 업신여기는 게 방어기제일 수 있겠다는 생각을 해요. 약하게 보이면 저를 해칠 수도 있으니까. 그래서 겁나 세게 말했죠. 일부러 욕도 조그맣게 하고. (웃음) 원래 조그맣게 해야 더 무섭잖아요.

오, 좋은 방법이다. 욕은 조그맣게. (웃음)

구구 제가 제일 못하는 게 쿨한 척하는 거예요. 내면의 옹졸함을 드러내야 직성이 풀리는데요. 남자들 앞에서는 그냥 쿨한 척해요. 예를 들어서 어떤 사람이 진짜 무례한 말을 하면 "헐 대박 무례해" 이런 식으로 말해 버리는 거예요. 되게 가볍게 던지는 말인데 그 사람을 뜨끔하게 하는 효과도 있고, 나는 나대로 가볍게 흘려보내는 효과도 있고요.

그럼 대화하거나 설득해야 할 때는 어떻게 하세요?

구구 의견을 수용하게 하고 싶을 때 남자들에게는 여자들에게 하는 것과 다르게 접근해요. 가장 효과적인 방법은 권위자의 의견을 가져와서 반박하는 거예요. 저랑 토론한다고 생각하기보다는 권위자에 대응해야 한다고 느끼고, 그게 어려우니까 수용하는 경우가 있더라고요. 물론 이렇게 하는 것에도 한계가 있어요. 그 이론가들의 의견이 내 의견은 아니잖아요. 쉽게 권위자에 굴복하는 걸 보고 있는 게 별로이기도 하고요.

공감 돼요. 남자인 친구들과 세미나를 많이 운영했는데, 거의 항상 전쟁터였거든요. 절대 봐주지 않기 때문에 거기서 생기는 전우애도 있었지만, 누가 더 적합한 이론적 근거를 가져와서 그럴싸하게 말하느냐가 관건이 되더라고요. 근데 <들불>의 세미나에서는 사람들의 근거가 자기 자신한테서 나오는 거예요. 누가 쓴 어떤 말이 아니라, 내가 어떻게 느꼈는지가 근거가 될 수 있다는 게 신기했어요. 특별한 이론이나 근거를 댔기 때문이 아니라 나라는 사람이 말을 했기 때문에 존중받고 인정받는다는 느낌을 받았거든. 그리고 제가 그렇게 말할 줄 모른다는 것도 알게 됐고요.

구구 사실 참여자들이 그렇게 말하게끔 유도해요. 질문지를 그렇게 구성하기도 하고요. 제가 남자들과 대화할 때 애먹는 지점이, 남자들은 '나'로부터 출발하는 이야기를 잘 못한다는 거예요. 근데 아주 오래전부터 그걸 이성으로 포장한 거죠. 저는 이론이 논리적이기 때문에 사람들이 수긍한다고 생각하지 않아요. 그 학자에 대한 감정적인 얽힘이 분명 있을 거예요. 저는 수전 손택을 좋아하는데, 제가 왜 좋아하는지를 설명하다 보니까 그 사람에게 동의해서가 아니라 공감하기 때문이라고 말하게 되는 거예요. 감정적으로 그 사람을 수용할 수 있고 이해할 수 있으니까 그 사람의 이론도 따르게 되는 거죠. 남자들도 사실 그럴 거란 말이에요. 이론이 이렇게 많은데 그중에 그걸 채택한 이유가 있을 거잖아요.

사실 저는 모든 일의 출발점이 감정이라고 생각해요. 제 첫 직장 사수가 여자분이었는데, '나도 저렇게 되고 싶다'고 생각할 정도로 멋있었어요. 주변에서 그분이 성공할 수 있었던 건 이성적이고 논리적이고 남성적이기 때문이라는 얘기를 많이 하더라고요. 그런데 제가 그분과 둘이서 맥주를 마시다가 그분의 판단 근거에 감정적인 욕구가 있다는 걸 알게 됐어요. "어떻게 그렇게 감정을 드러내지 않고 일을 잘하세요?" 하니까 자기는 드러내고 있는데 사람들이 그걸 모른다는 거예요. 나중에 일하시는 방식을 살펴보니 정말 그렇더라고요. 감정적인 단어를 많이 쓰는데도 일을 탁월하게 하니까 그걸 다 제거하고 보는 거죠. 그때 '감정을 기반으로 해도 저렇게 올바르게 판단할 수 있는 거야?' 하고 느꼈어요.

구구 님은 감정을 어떻게 만나시는 편이세요?

구구 나쁜 습관인데, 부정적인 감정은 빠르게 파악하고 바로 해소하고 싶어 해요. 상대가 남자일 때는 정말 즉각적으로, 여자일 때는 상대에게 상처가 되지 않는 선에서 하고 싶은 말과 행동을 분명히 하면서 해소하려고 노력하는 편이에요. 보통 분노가 그렇고, 그다음에 슬픔이 그래요. 기쁨이나 즐거움처럼 좋은 건 즉각 느끼지 못하고 좀 오랜 시간 곱씹다가 발견해요. 제가 일기를 열심히 쓰는데, 일기 쓰다가 그런 좋은 감정을 많이 발견하거든요.

부정적인 감정을 해소할 때 상대의 성별에 따른 차이는 왜 발생하는 것 같으세요?

구구 여자들과는 밉든 싫든 지지고 볶으면서 오래 엮이고 싶거든요. '감정적인 얽힘'이라고 표현하는데요. 얽혀 있고 싶어요. 그 사람이 나를 죽도록 싫어하고, 죽도록 욕을 하는 것도 어쨌거나 얽혀 있는 거잖아요. 그게 저한테 자원이 될 거라고 생각하고 힘도 돼요. 그런데 남자들과는 관계가 그렇게 소중하다고 여겨지지가 않아요. 제가 경험의 폭이 좁아서 그럴 수도 있어요. 남자들과 깊은 관계를 맺어 온 경험이 있어야 되는데 그런 경험을 의도적으로 피하기도 하고 많지도 않았으니까, 그래서 잘 몰라서 그런 것 같기도 해요.

#타협할 줄 모르는 여자들

〈들불〉의 운영 원칙 중 1번이 '여성만 가입이 가능한 모임'이잖아요. 여성만 참여하는 독서 커뮤니티의 장점과 한계가 분명할 것 같아요.

구구 〈들불〉에서 『장애학의 도전』을 읽었을 때, 저자분이 페이스북에 홍보를 해주셨어요. 너무 감사한 일이죠. 근데 그 홍보 글을 보고 "남자는 참여할 수 없냐"는 DM이 많이 왔어요. 원칙상 안 되니까 안 된다고 얘기했죠. 그 과정에서 배타적인 운영 방식에 회의감이 들더라고요. 남자들과 조금이라도 같이 할 수 있다면, 그들의 이야기를 듣고 우리가 어떻게 살아야 되나 같이 고민해 볼 수 있다면, 엄청 색다른 전환이 될 거잖아요. 이걸 포기하고 싶지 않기 때문에 저에게 남은 숙제이기도 해요. 또 저는 다양한 사람의 이야기 듣는 걸 즐기는데 현재는 특정 이야기만 듣고 있다는 생각을 버릴 수가 없어요. 제가 의도한 거지만, 그로 인한 패착인 거죠. 물론 제가 모든 여자를 만나 본 건 아니라서 여자들의 이야기를 듣는 것만으로도 아직 확장될 여지가 많긴 하지만요.

〈들불〉을 여성 전용으로 운영하면서 가장 좋다고 생각한 건 역시 안전함이에요. 이를테면 몸과 관련된 북클럽을 하면 남자가 들어오는 순간 할 수 없는 이야기들이 생길 거예요. 최근에 남성의 시선에 대해 고민을 많이 했어요. 말하지 않고 있는 상황에서조차도 남성적 시선이라는 게 여성을 가로막는 큰 장애물이 된다고 생각해요. 저는 얼마 전까지 다녔던 회사에서 제가 페미니스트라는 얘기를 할 수 없었어요. 엄청 싫어하는 분위기였거든요. 저조차도 회사에서 당당하게 드러내지 못하는데 다른 여자들은 오죽하겠어요. 그래서 '적어도 〈들불〉에서만큼은 남자 눈치 보지 않고 당당하게 자기 얘기를 할 수 있으면 좋겠다'고 생각했어요. 물론 〈들불〉에는 자기 이야기를 하는 여자들이 많지만, 그것도 크게 보면 한 줌이란 말이에요. 그래서 당분간은 여자들이 자기 얘기를 편하게 할 수 있도록 유지하려고요.

〈들불〉에는 어떤 여자들이 오나요?

구구 학력, 지역, 나이처럼 일반적으로 다른 사람을 판단하거나 고려하는 요소들이 있잖아요. 시작할 때 그런 것들을 묻지 않아서 범주화가 힘들긴 해요. 근데 공통적인 특징은 일단 책을 다들 좋아하고요. 또 페미니즘에 대한 이해가 있어요. 구체적인 모양새는 다 다른데, 동의하는 지점이 있어요. 또 다들 감정적이에요. 저는 그게 너무 좋아요. 〈들불〉이라는 이름에 맞춰서 가는 건지 모르겠는데 엄청 뜨겁고, 되게 치열하고 그래요.

〈들불〉에서 만나는 여자들과 일상에서 혹은 사회생활을 하면서 만

나는 여자들은 차이가 있나요?

구구 제가 사회생활 하면서 만난 여자들은 타협을 많이 했어요. 타협이 쉽기 때문이라기보단 그렇게 해야 자기 자리를 지킬 수 있다고 생각해서요. 저도 사회생활을 막 시작했을 무렵에 자리를 어떻게든 지켜서 위로 올라가야 뭔가를 할 수 있다고, 그게 맞다고 생각했고요.

근데 〈들불〉에서 만나는 사람들은 타협할 줄 모르는 사람들이에요. 타협해 낸 사람들은 잘살고 있거든요. 집도 차도 있고 사회적으로 보기에는 성공한 삶을 누리죠. 물론 〈들불〉에 오는 분 중에 사회적으로 성공한 분도 계시겠죠, 제가 다 알 수는 없지만요. 근데 타협할 줄 모르는 성향 때문에 많이 괴로워하고 삶을 영위하는 데 어려움을 겪는 분들이 많았어요.

〈들불〉에서 만난 사람 중에서 특별히 기억에 남는 분도 있나요?

구구 사전에 이 질문을 받고 〈들불〉 계정으로 받았던 DM을 다시 봤거든요. 아직도 기억에 남는 게, 그분이 DM으로 힘든 사정을 낱낱이 얘기한 다음 자살하려고 한다는 말로 마무리했어요. 제가 그걸 늦게 발견했는데, 너무 놀랐고 동시에 불편했어요. 왜 그랬을까 나중에 생각해 봤거든요. 그분이 진짜 자살할까 봐 무섭기도 했지만, 그보단 제 주변에는 어떻게든 살려고 하는 여자들만 있었던 거예요. 진짜 어려운 상황에 처한 여자들은 〈들불〉

에 참여할 수도 없는 거죠. 또 저는 여자들의 이야기가 너무 궁금하다고 했지만, 그것도 어느 선까지였던 거예요. 그 선을 넘는 순간, 내가 원하지 않는 방식으로 가까워졌다는 느낌이 들면서 불편해진 거죠. 제가 여자들을 돕고, 여자들의 이야기를 듣고 싶다고 하면서 이렇게까지 불편해하는 게 뭔가 잘못됐다고 느꼈어요.

참고로 그분은 지금 잘 살고 계시고 그 이후에 〈들불〉 프로그램에도 몇 번 참여하셨어요. 인터뷰에서 이 이야기를 해도 될지 여쭤 봤는데, 상관없다고 해주셨고요. 그분은 이제 괜찮지만 저는 여전히 그때 일을 생각하면 약간 괴롭고 힘들긴 해요. 그러니까 그분의 안전이 걱정되는 거랑 별개로 '나라는 사람이 생각보다 편협하다', 그리고 '내 영역을 확장하는 데 두려움이 큰 사람이다' 이런 걸 깨닫게 되어서요.

그런 일이 있었군요. 문득 〈들불〉에 연락하거나 오시는 분들이 어떤 기대를 하고 오시는지 궁금해지네요. 저는 여성 독서 커뮤니티가 뭔지 궁금해서 〈들불〉 세미나를 신청했어요. 친한 여자친구들이랑 노는 거 말고, 여성이라는 이름으로 커뮤니티를 하는 게 뭔지 말이에요.

구구 다들 고은 님과 비슷한 상태로 오시는 것 같아요. 그분들도 어떤 기대를 했다기보다는 궁금해서 오시는 것 같거든요. 오시는 분 중에 〈들불〉을 오랫동안 보고 있었다고 하는 사람들이 많아요. 그런데 참여하는 데까지 많이 망설였다고 하시더라고요. 말도 잘해야 될 것 같고, 생각도 깊게 해야 될 것 같았대요. 그런데 〈들불〉의 분위기를 한 번 경험하고 나면 수용받는다는 느낌 때문에 계속 찾으시는 것 같아요.

구구 님은 사람들이 〈들불〉에서 어떤 걸 느끼길 바라세요?

구구 저한테 느꼈으면 하는 거랑 다른 참여자들한테 느꼈으면 하는 게 조금 다른데요. 저한테 느꼈으면 하는 건, 언제든 도움을 청할 수 있는 사람으로 느꼈으면 좋겠어요. 물론 그렇게 보이기가 쉽지는 않아요. 너무 바빠 보이거나 그러면 도움 청하기가 어렵잖아요.

참여자들끼리는 자신이 어떤 이야기를 할 준비가 됐을 때 "잘못됐다"가 아니라 "그럴 수 있지"라고 말해 주는 동료가 될 수 있으면 좋겠다고 생각해요. 사실 저는 여자들이 관계 맺기에 서툴다고 생각하거든요. 관계를 맺을 때 '너는 이렇게 생각할 수 있고 나는 이렇게 생각할 수 있어' 이걸 펼쳐 놓고 얘기할 수 있어야 하는데, 서로 영역을 존중해 주다 보니 오히려 의견 피력을 잘하지 못하는 경우가 있는 것 같아요. 그리고 그게 관계를 맺을 때 큰 걸림돌이 되고요. 관계 맺기의 어려움이나 고달픔을 〈들불〉에서 처음 보는 사람과 경험해 볼 수 있으면 좋겠어요.

'내 생각을 이렇게 이야기해도 잘 들어주네?', '그럴 수 있겠다고 생각하고 힘들었겠다고 얘기해 주네?' 이런 걸 느끼면 자기가 기존에 맺고 있었던 관계에서도 새로운 챕터를 열어 볼 수 있지 않을까요.

언제나 순환이 중요하다

앞으로는 〈들불〉을 어떻게 가져가실 생각이세요?

구구　요즘 "영리 추구가 가능한 사회운동을 하고 싶다"는 얘기를 해요. 영리를 추구하지 않으면 지속할 수 있을지 알 수 없잖아요. 근데 사회운동 판 안에 계신 분들은 안 된다고, 영리를 추구하는 순간 대중들이 등을 돌린다고 하시더라고요. 사실 책 빼고는 제가 뭘 많이 사는 것도 아니고, 생활하는 데 엄청 큰돈이 필요한 것도 아니에요. 그래서 생활할 수 있을 만큼만 버는 방법에 대해 고민하고 있어요.

〈들불〉에서는 프로그램 비용을 대부분 호스트에게 드려요. 2회 진행하면 20~30만 원 정도를 가져가시거든요. 그러면 저한테 떨어지는 게 4만 원 정도예요. 이걸로는 생활이 안 되잖아요. 그래서 〈들불레터〉에 광고를 받았어요. 너무 좋은 게 여자들이 아니라 출판사, 회사로부터 돈을 받은 거잖아요. 계속 그쪽으로 수

익을 추구해 봐야겠다는 생각이 들더라고요.

최근에도 소규모로 청소년 독서비를 지원하신 걸 보았어요. 현재 〈들불〉에 큰돈이 들어오는 게 아닌데도 그 수익을 모아서 기부하는 이유가 궁금해요.

구구 개인적인 이유도 있고 사회적인 이유도 있는데요. 개인적으로는 제가 청소년 때 엄마·아빠가 용돈을 정말 조금, 한 달에 3만 원 주셨어요. 제가 사치스러운 사람으로 클까 봐 염려해서 그런 건데 저는 그게 숨 막히는 거예요. 당시에도 책을 좋아해서 거의 도서관에서 살았는데 거기 없는 책도 읽고 싶잖아요. 짱구를 굴려서 '이 돈으로 책을 사고, 남은 걸로 어떻게든 피카츄를 사 먹어야 되는데' 하면서 한 달을 보내는 게 싫었어요. 그래서 청소년이 좀 사치스럽게 책을 샀으면 좋겠다는 생각으로 청소년 도서비를 후원하고 있어요.

그리고 솔직히 말해서, 이제 제가 뭘 한다고 엄청난 힘이 실릴 거라는 생각은 잘 안 해요. 어린이랑 청소년이 잘돼야 세상이 바뀔 거라고 생각하거든요. 그들을 서포트할 수 있으려면 돈이 필요하니까, 그래서 소정의 금액이라도 돕고 싶은 마음이 커요. 저는 언제나 순환이 중요하다고 생각하거든요. 그리고 돈의 순환을 모두가 지켜볼 수 있어야 다른 사람들도 동참할 수 있다고도 생각해요. 아주 큰 금액만 도움이 된다는 생각을 많이 하는

데, 사실 오천 원, 만 원도 큰 금액이거든요. 순환을 가시화해서 '저 정도 돈으로도 청소년에게 책을 사줄 수 있는 거야?' 이런 생각이 들면 다른 사람들도 기부에 동참할 수 있겠죠.

어, 제가 딱 그 생각을 했어요. '이렇게 적은 돈도 누군가한테 도움이 될 수도 있구나.' 방금 순환이 중요하다고 하셨는데, 〈들불〉의 순환에 대해서도 생각해 보신 적이 있으신가요?

구구 좁은 영역에서 순환하는 것은 순환으로서의 의미가 없잖아요. 더 큰 순환을 위해서는 일단 저라도 밖으로 나가야 된다는 생각을 했어요. 가령 남자 페미니스트들의 DM을 받으면 만나보고 싶다는 생각이 들어요. 물론 그게 모임에서는 아니에요. 개인적으로 만나 보고 싶어요. 결국은 모두에게 열려야 한다고 생각하거든요. 최근에는 남성 페미니스트 전용 모임을 따로 만들까 생각하고 있어요. 창구를 하나 열어 두자는 마음이 있어서요.

오, 재밌는 시도일 것 같아요.

구구 도전이 두렵기는 한데, 제가 용기를 안 내면…. 그러니까 저는 머무는 게 싫어요. 멈춰 있지 않으려면 아무튼 용기를 내야 하는 것 같아요. 두렵기도 하지만, 과정 중에 있다는 점은 마음에 들어요. 어리둥절하지만 걸어가고 있다는 거니까요.

구구 님은 여성의 안전과 존재를 지지하고, 남성과의 순환을 고민하고 계신 것 같은데요. 저는 오늘날 여성과 남성이 적대적인 관계처럼 느껴지고, 때론 공존할 수 없는 건 아닐까 하는 생각도 들어요. 구구 님은 남성과 여성이 함께 살 수 있다고 생각하시나요?

구구 함께 살 수 있다고 생각해요. 각자의 영역을 존중하는 선에서요. 근래에 남성이 여성을 적으로 간주하는 경우가 많아진 것처럼 보여요. 사회 구조에서 문제점을 찾기보다는 쉽고 빠르게 증오할 수 있는 대상을 찾다 보니까 곁에 있는 여성을 증오하고, 잘 모르는 여성의 행동을 비난하는 게 아닐까 해요. 그러는 대신에 사회구조를 멀리서 조망할 수 있게 되고, 상대방의 말을 경청할 수 있게 된다면 함께 살 수 있겠죠.

근데 이게 좀 비관적인 희망이라는 생각은 들어요. '서로가 서로를 고려할 수 있는 여유가 있느냐?' 하면 현재는 전혀 없다고, 구조가 그렇게 안 된다고 생각해요. 아주 좁은 틀에 가둬 놓고 쳇바퀴 돌리듯이 살게 하니까, 에너지가 없어지고 여유가 없어지고 상대방에 대해 알고자 하는 의지가 없어지죠. 함께 살 수 있다고 생각하지만, 현실적으로 이뤄지기는 쉽지 않은 것 같아요.

각자의 영역을 존중하면서 함께 산다는 건 어떤 거예요?

구구 이런 거죠. 삶의 영역을 너무 섣불리 침범하지 않기. 생각이 됐든 생활이 됐든 감정적인 측면이 됐든, '그렇게 살고 있구나' 인정하고 내버려 두기. 각자가 단단하게 존재할 수 있도록 하기. 물론 침범에는 긍정적인 요소도 있는데요. 남성의 경우 침범하는 방식이 정복하는 것처럼 폭력적인 부분이 있어서, 그런 욕구나 태도를 버리는 게 상대에 대한 존중일 것 같아요. 여성의 경우엔 좀 다른데, 자기 삶의 반경은 어느 정도고, 삶을 어떻게 꾸릴 거라는 걸 확실하게 하는 게 남성의 영역을 존중하는 것 같고요.

여성과 남성은 어떤 사이라고 생각하시나요?

구구　남성의 측면에서랑 여성의 측면에서는 조금 다를 것 같은데, 아무튼 서로가 실리적인 측면에서 필요한 것 같아요. 가령 기업의 결정권자들은 남자니까, 제가 기업에 투자를 바랄 때 저는 그들의 힘이 필요하기도 하단 말이죠. 실리적으로 생각하는 게 나쁜 게 아니에요. 서로의 필요를 충족시켜 주는 거 자체가 저는 단단한 관계라고 생각해요. 해치지 않는 선에서 서로의 필요를 충족해 주는 게 다 같이 잘 살 수 있는 방법 같거든요. 그런데 그걸 인정하지 못하기 때문에 서로를 존중하지 못하는 게 아닌가 싶어요.

인터뷰가 끝나고 구구 님은 자신의 아이패드 화면을 보여 줬다. 내가 보낸 사전 질문지에 답변이 빽빽하게 차 있었다. 그는 인터뷰하는 동안 적어 온 걸 한 번도 안 봤다며 나의 인터뷰어 자질을 응원하고, 다음엔 내가 인터뷰이로 말하는 걸 들어보고 싶다고 덧붙였다. 목소리가 많이 쉬어 있었다. 수술한 지 얼마 되지 않은 채로 말을 너무 많이 했기 때문이었다. 나는 차마 뒷말을 이을 수 없었다. 급히 이 자리를 마무리하고, 그를 쉬게 하거나 밥을 먹여야겠다는 생각뿐이었다. 구구 님이 먼저 인근에 맛있는 식당이 있으니 같이 저녁을 먹자고 제안했다. 결국 구구 님의 강한 의지에 못 이겨 밥까지 얻어먹어 버렸다. 한동안 이날을 떠올리면 뭘 먹지 않아도 배가 불렀다.

인터뷰가 끝나고 몇 달 뒤, 우리 집 마당에 고양이가 등장했다. 너무 작고 까매서 눈을 마주쳤는지조차 알기 어려운 아기 고양이였다. 고양이는 2주 넘게 마당에서 사료를 얻어먹었다. 날이 점점 추워지자 우리 집 사람들은 고민에 빠졌다. 우리는 10년 넘게 개 셋과 살고 있었다. 남의 고양이와도 친해져 본 적이 없음은 물론이고, 고양이에게 무엇이 필요한지, 밖에서 사는 게 좋을지 집에 들어오는 게 좋을지를 판단할 지식이 전혀 없었다. 한참 고민하다가 문득 구구 님이 자기 집 고양이들 얘기를 했던 게 떠올랐다. 구구 님에게 연락해서 도움을 청했다. 구구 님은 길고양이의 삶은 어떤지, 고양이와 함께 살 때 어떤 게 필요한지, 어떤 부분을 고려하면 좋을지 얘기해 줬다. 그 덕분에 우리 집 사람들은 고양이를 집에 들이기로 결정할 수 있었다.

고양이와 함께 살기로 했다는 소식을 전하자 며칠 뒤 집으로 택배가 도착했다. 택배 박스에는 고양이용 스크래처 하나와 장난감 두 개가 들어 있었다. 고양이와 익숙해지기 작전에 돌입했을 때 구구 님이 주신 고양이 장난감이 큰 도움이 되었다. 나도 몇 가지 장난감을 사 왔지만, 이 작고 까만 고양이는 구구 님이 보내 준 까끌한 수세미 다발을 가장 좋아했다. 같은 공간에 있기만 해도 털을 세우고 하악질을 하던 고양이는 때때로 철사에 달린 수세미 다발을 잡기 위해 내게 가까이 왔다. 운이 좋으면 내 배 위로 올라오기도 했다.

구구 님이 고양이를 대신 키워 준 건 아니었다. 그는 이 상황에서 한발 물러나 있었지만, 너무 멀지도 너무 가깝지도 않은 자리에서 옆자리를 지켜 줬다. 나는 그 격려와 응원 덕분에 고양이와 함께 살겠다는 결심을 할 수 있었고, 뚝딱이면서도 그 방법을 찾기 위한 시행착오를 감행할 수 있었다. 이런 일은 종종 또 일어났다. 이 인터뷰 프로젝트가 진행되는 과정에서도 그랬다. 구구 님은 인터뷰 프로젝트에 직접적으로 관여하지 않았지만, 이 프로젝트와 잘 어울리는 공모사업을 추천해 주고 응원해 주고 지지해 줬다.

어렴풋이 생각한다. 이런 게 여성들이 모여서 주고받을 수 있는 힘은 아닐까? 서로의 일에 지나치게 관여하는 대신 믿어 주기, 필요할 때 도와주되 망설이지 말기, 옆에 서서 응원의 마음을 보내기. 이건 비단 구구 님과 일대일로 주고받는 무언가만은 아니다. 구구 님이 가운데서 중심을 잡고 있는 〈들불〉이 바로 그런 장이다. 서로 무슨 이야기를 하는지 주의 깊게 들음으로써 믿어 주는, 도움이 필요해 보이는 상황이라면 각자가 가진 정보와 해결 방법을 공유하는, 따뜻한 응원의 말로 서로를 북돋우는 그런 장 말이다.

수술 회복 기간이 지나자 〈들불〉 SNS에 글들이 올라오기 시작했다. 컨디션을 어느 정도 회복한 구구 님이 본격적으로 활동을 시작하신 거다. 새 프로그램들의 구성이 다양했다. 문학평론가와 함께하는 시 읽고 리뷰 쓰기, 작가와 함께 소설을 읽고 글쓰기… 이런저런 출판사와 이런저런 이끔이들이 〈들불〉의 프로그램을 만들었고, 또 이런저런 사람들이 모여들었다. 나도 그 물결에 합류했다. 사람들과 함께 읽어 보고 싶은 책이 생겼을 때 〈들불〉이 떠올랐다. 내가 대학생 시절 좋아하던 교수님이 쓰신 책으로 '정상가족'을 넘어선 가족에 관한 이야기였다. 뜬금없이 구구 님에게 이 책으로 뭐라도 해보고 싶다고 연락했는데, 구구 님은 반가워하며 〈들불〉에서 북클럽을 열어 보라고 제안했다. 마침 출판사에서도 연락이 와서 책도 지원해 줄 수 있다고 말이다.

내가 함께 이야기를 나누고 싶다고 생각했을 때 자연스레 〈들불〉을 떠올린 것처럼, 아마 많은 사람들이 구구 님이 가진 힘을 느끼고 있는 것일 터이다. 차림새나 말투 같은 것으로 정체성을 판가름하는 게 아니라 누군가 겪고 있는 어려움과 위협에 진심으로 공감하고, 그곳으로 응원과 지지의 마음을 꾹꾹 눌러 담아 보내는 힘 말이다. 〈들불〉이 번져 나가고 있다. 때로 사회에 강렬한 일침을 날리고, 그보다 더 많은 시간 사람들을 따뜻하게 덥히는 그 불이 옮겨붙고 있다.

〈들불〉

#함께읽고 #움직이는 #순환공동체 #여성독서커뮤니티

1. 〈들불〉

여성들과 여성 작가의 책을 함께 읽고 배우며 사유와 경험의 확장을 시도하는 여성독서커뮤니티다. 주제별 워크숍을 통해 '여성'과 관련된 담론들을 탐구하며 저마다의 위치를 명확하게 살피고, 각자의 위치에서 뻗어 나갈 방향을 모색한다. 지식의 습득뿐 아니라 다양한 활동을 통해 실천의 장으로 나아갈 수 있도록 길을 연다. 또, 워크숍에서 알게 된 지식을 워크숍 밖으로 발신함으로써 더 많은 여성이 공론장에 참여할 수 있도록 제안하고, 더 많은 여성과의 연결을 시도한다.

2. 〈들불〉의 활동

1) 들불레터(2020. 5. 20. ~) 들불레터는 2020년 5월부터 발행하고 있는 여성작가 큐레이션 레터이다. 잘 알려지지 않은 여성작가의 신간 혹은 구간을 소개하고, 사회의 현안과 관련하여 함께 읽으면 좋은 여성작가의 책을 소개한다.

2) 북클럽(2017. 9. ~) 장르의 구분 없이 주제별로 엄선된 한 권 이상의 책을 함께 읽으며 토론과 연대의 장을 만든다. 현재(2023년 1월 기준)는 보다 깊이 있는 읽기 경험을 위해 별도의 장표와 발제문을 준

비하여 진행하고 있으며 스스로 생각하는 힘을 기를 수 있는 여러 질문을 함께 제공한다.

3) **워크숍(2020. 5. ~)** 각 분야의 숨은 여성고수들과 함께 독서에서 활동으로 이어지는 워크숍을 진행한다. 달리기, 등산 등 움직임과 관련된 워크숍과 플레이리스트, 글쓰기 등과 같은 문화예술 활동도 병행하고 있다.

3. <들불>에게 연락할 수 있는 방법

이메일: contact@fieldfire.kr

홈페이지: fieldfire.kr

인스타그램: @fieldfire.kr

어쨌든 다 이어지니까:

장년과 함께 사는 청년,
<우주소년>의 현민

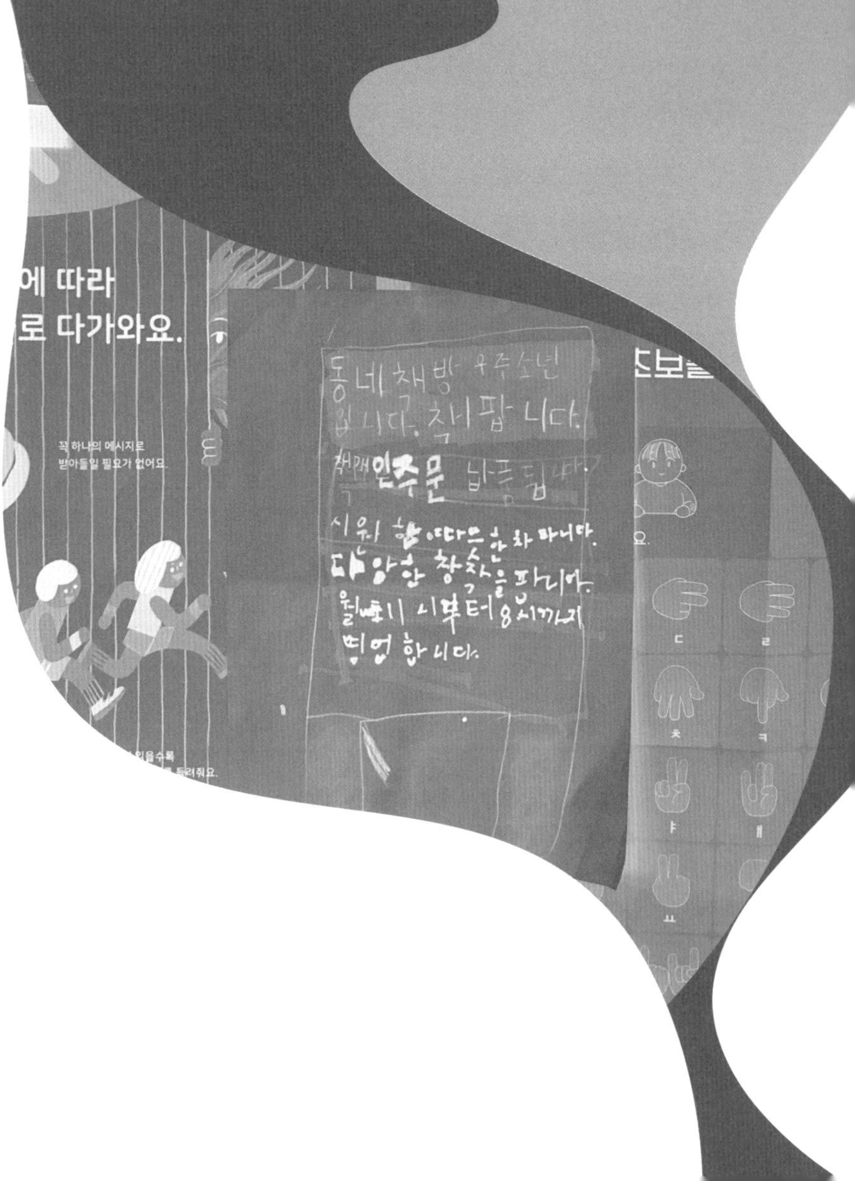

에 따라
로 다가와요.

꼭 하나의 메시지로
받아들일 필요가 없어요.

동네책방 우주소년
입니다. 책팝니다.
책께 인�*문 납품합*다
시워함 따뜻한 차 팝니다.
다양한 창작을 파니다.
월~토 11시부터 8시까지
변영합니다.

드보를

요.

ㄷ   ㄹ

ㅊ   ㅋ

ㅑ   ㅐ

ㅛ

힘이을수록
드러줘요.

*

현민을 처음 만난 건 2017년, 내가 〈문탁네트워크〉에서 열었던 '길 위의 민주주의' 청소년 워크숍에서였다. 당시 고등학교 2학년생이었던 현민은 웃음이 많았다. 세미나에 들어올 때면 입 동굴을 깊게 파며 인사를 건넸고, 가만히 있다가도 말만 걸면 또 금세 웃었다. 그러나 7주간의 세미나를 마치고 경상남도 밀양에 내려가 할머니들을 만났을 때 그는 전혀 다른 모습을 보여 줬다. 765kV나 되는 어마어마한 송전탑 건설에 맞서 투쟁하시는 할머님들은 이 싸움이 얼마나 거대한 벽과 맞서는 일인지, 이 투쟁이 왜 다음 세대를 위한 일인지에 대해 들려 주었다. 현민은 이 구체적인 증언에 묻어난 할머님들의 마음에 누구보다 빠르고 강렬하게 반응했다. 소리 없이 눈물을 뚝뚝 떨구었고, 할머님들과 헤어질 땐 후다닥 달려가 그분들을 꼭 끌어안았다.

그 뒤로도 내가 진행하는 청소년 인문학 워크숍에 몇 번 더 참가했던 현민은 고3이 되면서 발길을 끊었다. 꽤 오랫동안 얼굴도 보지 못하고 소식도 듣지 못했는데, 어느 날 느닷없는 장소에서 마주쳤다. 〈문탁네트워크〉에서 걸어서 1분 거리에 있는 서점 〈우주소년〉에서였다. 현민은 고등학교를 졸업하고 대학에 가지 않았고, 대신 마을에서 살며 이런저런 일을 하다가 〈우주소년〉을 운영하게 되었다고 했다. 오랜만에 만난 현민은 예전과 조금 달라 보였다.

인문학 공동체 〈문탁네트워크〉와 서점 〈우주소년〉이 위치한 용인시 수지구 동천동에는 '동천마을네트워크'라는 커뮤니티가 형성되어 있다. 처음엔 인근에 있는 대안학교 이우학교의 학부모를 중심으로 마을이 형성됐다. 2015년 마을 장터를 연 것을 기점으로 네트워크가 점차 커져 현재는 〈문탁네트워크〉와 〈우주소년〉을 비롯해 마을 생협, 베이커리, 도서관, 또 다른 대안학교, 협동조합, 교육 연구소, 노인복지관 등 장년이 주축이 된 28개의 단체가 함께하고 있다. 〈우주소년〉은 처음엔 개인이 운영하는 서점이었는데, 사라질 위기에 처했을 때 마을 사람들의 출자로 다시 살아났다. '마을 서점 〈우주소년〉'이 된 것이다.

현민이 몇 년 전에 비해 웃음이 줄고 유달리 피곤해 보이는 건 마을 서점을 운영하는 일이 쉽지 않기 때문이 아닐까 싶었다. 보통 독립서점은 그들만의 특이성을 가지고 있다. 특정 나라가 주제인 독립서점, 여행 자체를 콘셉트로 하는 독립서점, 예술 서적을 주로 들여 놓는 독립서점…. 이런 경우 서점의 특이성은 내부를 채워 넣은 콘텐츠에 따라 달라지는데, 마을 서점은 그와 결이 좀 다르다. 마을 서점의 특이성은 서점의 외부, 즉 마을과의 관계에 의존하고 있다. 우선 서점 근처에 마을이 계속 활성화되어 있어야 할 것이고, 서점은 그 마을과 지속적이고 탄탄한 관계를 구축해야 한다. 또 서점을 채우는 일은 마을을 채우는 일이기도 할 터이니, 서점에 대한 고민은 곧 마을에 대한 고민과 긴밀하게 연결될 수밖에 없을 터이다. 그러니 마을 서점이라는 타이틀을 얻고 유지하기가 쉽지 않을 터였다.

이것이 같은 마을에 있으면서도 현민과 내가 다른 위치에 있었던 이유다. 내가 공부하고 생활하는 〈문탁네트워크〉 역시 〈동천마을네트워크〉에 속해 있었지만, 우리의 존재는 마을보다는 책과 조금 더 긴밀한 관계를 맺고 있었으므로 나는 마을 활동을 하지 않고도 동천동에서 지낼 수 있었다. 하지만 현민은 그렇지 않았다. 〈우주소년〉을 운영하기 시작하면서 단시간에 마을 한복판으로 쑥 들어가야 했다. 내가 어렴풋이 알고만 있는 사람들과 현민은 자주 부딪히고, 불려 가거나 불러냈고, 회의를 하거나 식사를 함께했으며, 〈우주소년〉 혹은 〈동천마을네트워크〉의 활동 방향성에 대해 논의했다.

현민 이전에도 마을에 오가는 청년들이 더러 있었다. 대부분 이우학교 졸업생이었다. 그들이 머무는 시간은 길어도 2년을 넘지 못했다. 그것도 프로젝트를 드문드문 같이했을 경우였다. 지속적으로 활동을 같이할 경우 떠나는 시간은 훨씬 빨라졌다. 이우학교는 6년제 대안학교다. 학교에서 6년 동안 학부모와

학생 혹은 선생과 학생으로 만났던 이들이 마을에서 새로운 관계를 형성하기가 쉽지 않았던 탓이다. 청년들은 자신을 이우학교 졸업생으로 본다며 불만을 제기했다. 어엿한 성인 주체로 인정받지 못하기 때문에 마을을 떠나는 것이라고 말이다. 반면 마을 어른들은 청년들이 너무 쉽게 떠나서 새로운 관계를 맺을 틈이 없었다고 말했다. 마을 활동과 청년 사이에는 좁힐 수 없는 틈이 있었다.

청년과 장년 사이의 거리감은 비단 오늘날 이곳만의 문제는 아닐 것이다. 나는 과거 서당에서 어린이들이 공부한 『사자소학』을 낭송본으로 풀어 읽었는데, 거기 맨 마지막 구절에 이런 문장이 나온다. "이건 내가 늙어서 하는 말이 아니다." 젊은 세대에게 이전 세대가 자신은 꼰대가 아니라고, 그러니까 자기 얘기에 귀 좀 기울여 달라고 읍소하는 문장이다. 장년과 청년이 일을 함께 도모하거나 함께 살아가는 것은 오랜 숙제일지도 모른다. 실제로 오늘날 청년들이 또래 커뮤니티를 꾸리는 경우는 많지만, 나이를 초월하여 일을 도모하는 경우는 많지 않다. 청년들은 부모 세대가 사용하는 언어나, 그들의 문화가 불편하다고 느끼기 쉽다. 답답함을 느끼는 청년들은 마을을 벗어나 도시로, 해외로 떠난다. 코로나가 터지기 전까지만 해도 내 친구들은 한국을 떠나는 걸 당연하게 생각하고 있었다. 그들의 유일한 고민거리는 호주로 갈지, 네덜란드로 갈지, 독일로 갈지 따져 보는 것뿐이었다. 청년들이 자꾸만 떠난다고, 신뢰를 쌓기도 전에 사라져 버린다고 아쉬워하는 장년들을 뒤로한 채 말이다.

그러나 현민은 오래 〈우주소년〉에 머물렀고, 더 깊이 장년들을 만났다. 근거리에서 지내며 나는 〈우주소년〉이 어떤 사업을 벌이는지 대강 알 수 있었지만, 현민이 왜 이 일을 계속하는지는 이해할 수 없었다. 가끔 우연히 만나면 현민은 내게 마을에서 장년들과 만나는 일이 얼마나 어려운지 토로하며 울상을 지었다. 그러나 다른 한편으로 그는 예전만큼 환한 얼굴로 서점을 찾아오는 마을 사람들을 반기기도 했다. 현민이 마을에서 보이는 우는 얼굴과 웃는 얼굴은 모두 다 진심에서 우러나온 것이었다.

웃다가 울고, 울다가 웃던 현민은 분명 자신이 몸담고 있는 이 마을에 할 말이 꽤 많았을 것이다. 그래서였을까, 그는 독립 단행본 출간을 준비하기 시작했다. 마을에서 장년과 함께 살며 쌓아 온 경험과 고민이 막 터져 나오려는 참이었다. 제목은 『밀려오는 파도를 막을 수는 없다』 시즌 2. 이 마을에 밀려오고 있는, 그래서 막을 수 없는 파도는 현민이었다. 그러나 현민은 혼자서 움직이지 않았다. 마을에 대해 할 말이 있는 사람들에게 함께하자고 손 내밀었고 나를 포함한 16명의 사람들이 그 부름에 동참했다.

본 단행본에 앞서 나왔던 『밀려오는 파도를 막을 수는 없

다』시즌 1*은 2020년 여성주의적 문제의식을 공유하는 대안 중
고등학교 이우학교 재학생–졸업생의 연대로 기획되었다. 이
를 통해 이우학교 재학생–졸업생 네트워크가 만들어졌고, 그중
현민을 포함한 몇몇은 졸업 후에도 학교가 있던 마을에서 지내
게 되었다. 『밀려오는 파도를 막을 수는 없다』시즌 2(이하『밀파
막』)에는 한 차례 공동체에 담론을 만들고자 했던 청년들이 마
을에 지내면서 겪게 된 부침을 통해 지역 공동체에 문제를 제기
하고 앞으로 살아갈 공동체에 대한 상상을 담아내고자 했다.

　공동체 안에서 공동체에 대한 이야기를 한다는 건 여간 어
려운 일이 아니다. 서로를 잘 알고 있는 사이에서 잘못해서 누
군가에게 상처를 입혔다간 그 상처가 고스란히 나에게로 돌아
올 수 있다. 게다가 모든 문제가 복잡하게 얽혀 있을 가능성이
농후하니, 어디를 건드려야 할지 막막한 것도 사실이다. 그러나
현민은 문제의식을 느낀 뒤 마을을 조용히 떠나는 대신, 단행본
을 기획해 한 차례 파도를 일으키기로 마음먹었다. 현민은 마을
에서 지내는 걸 힘들어하면서도 왜 마을을 떠나지 않고 계속 남
아 있었을까? 마을 사람들을 만나며 울상을 짓기도 웃기도 하던
그 마음은 어땠을까? 그 와중에 마을에 대한 단행본은 왜 내기
로 결심했을까?

* 이우학교의 젠더 경험이 담긴 단행본으로 2020년 6월에 발간됐다.

인터뷰 당일, 조금 일찍 〈우주소년〉을 찾아 녹차라떼를 시켰다. 현민이 타 주는 녹차라떼는 진하면서도 산뜻하다. 자칫 느끼할 수 있는 녹차 맛을 아몬드 밀크가 중화시켜서 고소해지기 때문이다. 운이 좋으면 옆 가게에서 만든 쿠키나 누군가 주고 간 사과도 얻어먹을 수 있을 터였다.

이렇게 살고 싶다

리플릿 문구가 인상 깊더라고요. 〈우주소년〉은 2014년에 용인시 수지구 동천동에 생긴 '마을' 서점이었고, 시간이 지나 이 공간이 없어지는 걸 아쉬워한 '마을' 사람들이 모여서 출자했고, '마을' 청년이 다시 운영하게 되었다고요. '마을'은 〈우주소년〉을 설명하기 위해 반드시 들어가야 하는 단어처럼 보여요. 이 '마을'은 어떤 곳인가요?

현민 이 근방에 이우학교라는 대안학교가 생긴 뒤 이우학교를 중심으로 학부모 사회가 활성화되면서 소위 '마을 공간'들이 생겼어요. 그래서 그런지 마을의 구성원은 대개 50~60대예요. 이우학교를 졸업한 친구들은 다 여기 살면서 학교에 다니지만, 고등학교를 졸업하고는 서울이나 지방으로 떠나거든요.

제가 느끼기에 이 마을은 상생에 대한 존중이 있는 곳이에요. 내가 잘 사는 것도 중요한데, 남이 잘 살아야 나도 잘 살 수 있다고 생각하지 않나 싶어요. 더불어 사는 삶을 실천하려고 하죠. 같이 농사를 짓거나 공부하거나 뭔가를 나눠 먹어요. '해도두리 장터'라고 주기적으로 열리는 마을 시장에서는 그렇게 생산한 것들을 나누죠. 빵이나 음식, 공부 같은 것들을 통해 마을에서 어떤 일이 일어나는지 공유하곤 해요.

요새 또래끼리 하는 모임이나 커뮤니티는 꽤 많은 것 같아요. 그런데 청년과 장년이 함께하는 경우는 회사, 아니면 지역사회 정도이지 않나 싶어요. 현민은 지금 도시에서 장년들과 함께 살고 있잖아요. 어떻게 이 마을에서 지내게 됐나요?

현민　사실 제가 장년과 살기를 선택한 건 아니에요. 만약 제가 좀 더 똑똑했다면 마음 맞는 친구들을 찾아서 뭘 만들었을 것 같아요. 어쩌다 서점 운영 제안을 받았는데, 알고 보니까 그 마을에 장년이 많았던 거죠. 이 동네에 들어온 건 고등학교를 이우학교에 오면서였어요. 그땐 동네의 가게, 놀이터처럼 친구들과 만나고 노는 곳만 알았죠. 마을이라는 단어도 사용하지 않고, 마을 사람들에 대해서도 생각해 본 적이 없었어요.

이우학교를 졸업하고도 이곳에 계속 머물렀어요. 서울에 가는 게 힘들더라고요. 물론 서울 가면 재밌는 것도 있죠. 근데 돈을 엄청나게 써야 하고, 체력도 써야 해요. 거리에는 관계가 차단된, 그냥 지나가는 사람으로 가득 차 있고요. 서울에 나무가 없는 것도 환멸을 느꼈어요. 그러던 차에 저에게 〈우주소년〉 인턴 자리가 들어온 거예요.

〈우주소년〉에 일주일에 한두 번 오고 근처에서 알바하면서 살았는데, 그게 너무 좋더라고요. 자전거 타고 와서 〈우주소년〉에 와서 친구들 불러서 같이 있다가, 자전거 타고 집에 가. 왔다 갔다 할 때 동네 사람들도 내가 누군지 알고, 나도 이분들이 누군지 알아요. 조금 더 편하게 발을 뻗을 수 있고 자리를 잡을 수 있었죠. 점점 마을과 가까워지면서 '나도 이 마을 사람들처럼 살고 싶다'고 생각했던 것 같아요. 이 마을에서 자립해 보고 싶었어요. 이 동네가 베드타운(bedtown)이라 다들 소비는 여기서 하지만 돈은 다른 데서 벌어 오잖아요. 근데 저는 둘 다 여기서 해 보고 싶다는 생각을 하게 된 거죠.

이 마을에 산과 나무가 있고, 지나다니며 아는 사람들을 만나고, 친구들과 서점을 채울 수 있는 풍경이 서울과 상반되어 보였군요. 신기하다. 마을을 간헐적으로 왔다 갔다 해서 그런가, 저는 현민처럼 느껴 본 적이 없거든요. 현민한테는 이 마을이 어떤 곳이에요?

현민 공부도 하고 환대도 받을 수 있었던 곳이에요. 귀하죠. 진짜 좋았던 것과 진짜 안 좋았던 것을 같이 경험했던 곳이기도 하고요.

오류를 범하는 우리 선생님들

마을에서 지내면서 세대 차이를 느낀 적도 있었어요?

현민 당연하죠. 남자 장년분들은 어떤 사안을 결정할 때나 회의할 때만 왔어요. 요리를 하거나 뭔가를 준비할 때는 여자 장년분들만 왔고요. 제 친구들이 그랬다면 저는 엄청 뭐라고 했을 텐데요, 여기 장년분들에겐 이게 논쟁거리가 안 되더라고요. 또 "너희 너무 예쁘다. 근데 요즘에는 이런 말 하면 안 된다며? 그래도 나는 너희가 너무 예뻐서 말할 수밖에 없어"—이런 말씀하시는 걸 들을 때면 세대 차이가 느껴져요.

문화 차이가 꽤 나는 두 세대가 서로를 이해하고 함께 살 수 있을까요?

현민 뭐 어떻게 서로를 완벽하게 이해하겠어요. 그래도 저는 마을 장년들과 서로 이해하고 이해받을 수 있는 여지가 있다고 생각해요. 지금 하는『밀파막』프로젝트도 그런 분들이랑 이야기할 매개를 만들려는 거거든요. 이 서점을 하면서 만나는 어른들이자, 동네에서 활동하는 마을 활동가이시자, 자칭 '진보'인, 많은 오류를 범하는 우리 선생님들과 말이에요.

많은 오류를 범하긴 하는데, 하여간 '우리' 선생님들이네요.

현민 네, 어쨌든 우리 선생님들. (웃음) 저도 오류를 범하기 때문에 이렇게 말하기가 좀 웃기긴 하지만요. 근데 보통 오류는 제 마음에서만 일어나는 것 같기는 해요. 그분들은 말을 하거나 행동할 때 제가 불편할 거라고는 생각을 못하셨을 거예요. 단적으로는 그런 거죠. 제가 자취할 때 반찬도 주시고 떡도 주셨던 분이 있어요. 서점에 자주 오셔서 "우리 현민이 너무 예쁘다" 하면서 엄청 챙겨 주세요. 정말 좋긴 한데, 얘기를 하다 보면 성 감수성이 떨어져서 대화하기가 힘들 때가 있더라고요. 또 우리 딸 같고 아들 같다면서 호의를 보여 주시는 분들도 있는데, 그런 것들이 그렇게 달갑지만은 않아요. 저와 동년배인 자식이 있으신 분들은 특히 더 잘해 주시거든요. 그러다가 갑자기 "현민아" 하고 불러요. "현민아, 이거 해라" 하고요. 처음에는 "현민 씨"였는데 말이죠. 그러다가 가끔은 저를 싼 동네 인력으로 여기기도 해요. 저에게 잘해 줘서 그 사람을 좋아하려고 하다가도, 그렇게는 잘 안 되는 거죠. 나쁠 거면 아예 나빴으면 좋겠어요. 차라리 싫으면 그냥 욕하고 안 보면 되잖아요.

현민이 〈우주소년〉을 본격적으로 운영하면서도 그런 일이 있었나요?

현민 2020년 연말 보고회에서 저희가 〈우주소년〉을 맡겠다고 발표했어요. 한 분이 일어나서 그러시는 거예요. 마을 일을 10년을 넘게 했는데, 자기들끼리만 하니까 이게 지속 가능한 일인가 하는 의구심이 들었대요. 좀 지쳐 있었는데 청년들이 와서 뭔가 한다고 하니까 기쁘셨다고 하셨어요. 그분 말고도 다들 일어나서 한마디씩 하셨는데 엄청 기뻐하시는 거예요. 사실 저는 좀 부담스러웠어요. 젊다는 것 말고 우리에 대해 아는 게 없는데도 무작정 저희를 신뢰하고 싶어 하셨으니까요.

또 저는 여기를 서점이라고 생각하고, 서점인으로서 자부심이 점점 커졌거든요. 여행을 가면 꼭 서점에 들렀어요. 열심히 배웠죠. 좋은 책 있으면 찍어 오고, 괜찮은 시스템 있으면 우리도 해 보자고 제안했어요. 저희의 애정이 많이 들어가서 그런지, 아무리 봐도 제 눈에는 저희 서점이 제일 좋은 거예요. 매출도 나쁘지 않았고요. 그런데 어떤 장년들은 여기를 '청년 작업장이다', '사회 나가기 전 단계다' 이렇게 단정 지었어요. 저희는 이 서점에 굉장히 진심이었는데 말이죠.

어떤 글에서 봤어요. 현민이 서점의… 뭐였지, 고수가 되겠다고?

현민 서점 짱! (웃음) 물론 마을에서 서점을 운영하고 유지할 때 저희에게 미숙한 게 있겠죠? 이분들이 그런 걸 이해해 준다는 걸 알지만, 우리가 잘하고 있다는 긍지를 키워 가던 때 그런 말

을 들으면 너무 속상했어요.

최근에도 그런 얘기를 들었나요?

현민 음…. 최근에는 그런 이야기를 듣는 데에 잘 안 가는 것 같아요.

그래서 좀 괜찮아졌을 수도 있겠네요.

현민 그건 아니에요. 단행본 『밀파막』을 준비하면서 화가 많이 가라앉았어요. 거의 수련하는 과정이어서 그랬는지 생각 정리가 많이 됐거든요. 『밀파막』은 저의 불편함을 말하는 일이기도 했지만, 한편으로는 이해하게 되는 과정이었던 것 같기도 해요.

어른들도 칭찬이 필요해

현민은 마을에서 분노했고 또 그게 현민의 마음을 복잡하게 했는데, 떠날 수 있다고 말하면서도 떠나지 않았잖아요. 최근엔 그 복잡한 마음을 드러내기 위해 『밀파막』을 기획했죠? 그 결정 또한 쉽지 않았을 것 같아요.

현민 다 저를 위한 거였어요. 분노를 상쇄하기 위해서기도 했고, 제 얘기를 하기 위해서기도 했고요. 그리고 여기 사는 장년들도 맨 처음부터 여기 살았던 건 아니잖아요. 많은 일을 경험하고 난 뒤에 이런 삶을 선택한 사람들이죠. 저는 이제 마을 사람들이 이 삶을 선택한 이유가 뭔지 너무 잘 알겠어요. 그래서 혹시나 제가 여기를 떠나게 된다 해도 돌아올 것 같다고 생각했어요. '내가 여기를 떠난다면 돌아올 수도 있어야 된다. 나한테 돌아올 자리가 있어야 된다' 싶었던 거예요. 제가 이곳에 다시 돌아온다면 그땐 비단 일자리나 주거뿐만 아니라, 여기 더 있고 싶은 마음도 충족되었으면 좋겠어요. 물론 그건 저뿐만 아니라 다른 사람들한테도 가능해야죠.

현민이 있을 자리를 만드는 과정이기도 하네요.

현민　네. 근데 제 얘기가 저를 위한 것이기도 하지만, 제 이야기를 꺼냄으로써 많은 게 드러날 수 있겠다고 생각해서 『밀파막』을 만들게 됐어요.

이야기를 꺼내는 방식이 다양할 수 있을 것 같아요. 개인적으로 찾아갈 수도 있고, 대자보를 붙일 수도 있고, 공식적인 공론화 절차를 밟을 수도 있고요. 현민이 『밀파막』이라는 단행본을 선택한 이유가 뭘까 궁금해요.

현민　자연스럽게 단행본으로 방향성이 정해졌는데, 정하고 보니 이런 생각이 들었어요. 일단 이 문제는 한 명의 개인에게만 뭐라고 할 수 없는 일이고, 한 명의 개인을 바꾸고자 하는 일도 아니에요. 또 사람을 직접 만나서 불편함을 토로하고 화를 분출하는 방식에 회의감을 갖고 있기도 하고요. 저는 정말, 이 사람들과 함께하는 삶이 좀 더 나아졌으면 좋겠어요. 그렇게 되려면 그냥 찾아가서 화내는 걸로는 안 된다고 생각했어요. 제 이야기를 잘 전달하고 싶었죠. 잘 전달한다는 건 실질적인 논의를 만드는 거예요. 더불어 마을 사람들한테 예의를 갖춰서 말하고 싶기도 했고요.

사람들이 부정적인 반응을 보일까 봐 걱정되지는 않나요?

현민 사람들이 그렇게 반응하기 시작하면 제가 할 수 있는 건 별로 없어요. 감정에 몰두하게 되니까요. 『밀려오는 파도를 막을 수는 없다』 시즌 1에서 이우학교의 젠더 이슈를 다뤘을 때 그랬어요. 가장 먼저 이 말이 사실인지 아닌지부터 따졌고, 2차 가해도 있었고, 아예 반응하지 않는다거나 트집을 잡기도 했어요. "그래도 너희는 좋은 동네에서 자랐고, 다른 데보다 여기가 낫다" 그런 말을 들었는데, 사실 예측 가능한 말들이었거든요. 근데도 무력해지더라고요. 그래서 마을에 대한 이야기인 시즌 2를 기획하면서는 내가 상처받았다는 이야기만으로는 부족하겠다, 사람들과 함께 한발 나아가기 위해서는 다른 방식과 태도를 취해야겠다고 생각했어요.

그게 어떤 태도일까요?

현민　마을에서 지내면서 생각보다 많은 어른들이 칭찬을 필요로 한다고 느꼈거든요. 그래서 저는 이번『밀파막』에 매섭게 화를 내고, 마지막에는 꼭 껴안아 주는 글을 쓰고 싶다고 생각했어요. 근데 저뿐만 아니라『밀파막』에 글을 쓴 사람들이 다 비슷해요. 이 글을 쓰는 이유나 목적이 정말 나아지기를 바라는 마음에 있다는 게 글에서 읽혀. 그런 마음이 독자들에게 전달이 되면 좋겠어요.

이번『밀파막』을 보면서 재밌다고 느꼈던 지점이 있었어요. 단행본 자체가 마을에 문제를 제기하는 내용인데도 펀딩 모금을 마을에서 받더라고요.

현민　웃기죠? (웃음) 시즌 1을 할 때는 글을 하나 써서 여자 친구들에게 뿌렸어요. 거기에 응답해 준 친구들이 자기 글을 보내 줬죠. 그때 저희가 날이 너무 서 있어서, 이게 학교에 들어가면 무조건 제재가 들어올 것 같은 거예요. 그래서 우리 안에서 모금해서 책을 냈어요.

근데 이번에 할 때는 '마을 장년들이 우리 이야기를 궁금해할 거다', 그런 생각이 들었어요. 저는 제가 〈우주소년〉을 하면서 장년들한테 보여 준 게 있다고 생각해요. 그들한테 신뢰를 얻을 만한 모습을 보여 줬다고, 증명한 뭔가가 있다고요.

너무 공감돼요. (웃음) 마을이든 공동체든 신뢰에 죽고 신뢰에 살아…. 어떤 걸 증명한 것 같아요?

현민   제가 하고자 하는 이야기, 아니 저와 친구들이 하고자 하는 이야기에 어떤 힘이 있다는 걸 장년들도 느끼게 된 것 같아요. 제가 처음 왔을 때는 페미니즘 담론이 없었어요. 초반에 서점 큐레이션을 할 때도 '진보' 장년들이 볼 법한 사회과학 서적만 들여놨었거든요. 근데 이제는 서점에 페미니즘 서적을 많이 들여다 놔요. 뻔뻔하게 페미니즘이라는 단어를 꺼내도 다들 그러려니 하시고요. 제가 왜 그렇게 말하는지 다 이해는 못하시겠지만 짐작은 하시는 것 같아요. 내가 이 마을에서 하고 싶은 걸 어느 정도까지는 해도 된다는 감이 생겼죠.

어느새 스며든 걸까요?

현민   그랬으면 좋겠어요. (웃음)

마을에서 환대받고, 서점에서 환대하기

2021년 〈우주소년〉 문집에 청소년 인턴의 글이 실렸더라고요. 그분에게는 마을에서 주민과 안부를 건네면서 살아가는 모습이 당황스러운 풍경이었다고 해요. 서점 〈우주소년〉은 이 마을에서 어떻게

자리를 잡아 가고 있나요?

현민 〈우주소년〉에 오기 전에 저는 서점이 소수의 취향을 가진 사람들이 모이는 곳이라고 생각했어요. 근데 여기 와서 생각이 바뀌었어요. 서점은 뭐든 할 수 있는 공간이라고 생각하게 됐죠. 왜냐면 책이 하나의 이야기잖아요. 저는 서점에 책을 들일 때 이야기를 들인다고 생각해요. 이야기를 매개로 누구와도 만날 수 있으니까 서점이 진짜 포괄적인 공간이 될 수 있거든요.

제가 여기 있는 책들에 다 관여했기 때문에 이 공간이 저에게 더 그렇기도 해요. 서점에 오신 분이 어떤 책을 집어 들고 흥미를 보이면 제가 하고 싶은 말이 많아져요. 제가 마음을 써서 들인 책을 어떤 사람이 사 가고, 그러면 그게 저한테 어떤 맥락으로 읽혀서 또 다른 책을 들이는 방식으로 연결되고 있죠.

이 서점 안에는 이미 현민이 꾸려 놓은 이야기들이 있으니까, 아무리 낯선 사람이더라도 책을 매개로 만나 볼 수 있겠네요.

현민 저는 사람을 만날 때 그 사람을 정체성으로 많이 판단해요. 이 사람이 어디 소속돼 있고, 어느 학교에 다녔고, 여자고 남자고, 어떤 지향성을 가졌고…. 그런 생각을 많이 하기 때문에 힘든 것 같은데, 서점에서 책으로 만나면 정체성에 대한 생각 없이 그 사람과 저의 공통 지점이 딱 드러나잖아요. 그래서 제가 편견이나 선입견을 품지 않게 되는 것 같아요. 그 사람의 정체성만 두고 봤을 때 제가 다가가지 않을 사람이더라도 책을 통해서 관계를 맺을 수 있는 거죠.

또 제가 의도하는 부분도 있어요. 최근에 읽은 하미나 작가의 『미쳐 있고 괴상하며 오만하고 똑똑한 여자들』에 있는 문장인데요. "이해받는다는 일은 누군가를 죽게도 하고 살게도 한다." 이 부분을 읽으면서 '맞다' 싶었어요. 저는 책을 들일 때 누군가가 소외되는 얘기가 아니기를 바라는 마음을 담아서 책을 골라요. 그리고 그건 저를 위한 일이기도 해요. 제가 소외되지 않는 이야기를 찾는 거죠. 〈우주소년〉이 이해받을 수 있는 여지가 많이 있는 공간이었으면 좋겠고, 또 그런 이야기들이 여기 있었으면 좋겠어요.

그런데 현민이 이야기하자고 다가갈 때 사람들이 거부감을 느낄 수 있잖아요. 어떻게 그 거부감을 주지 않고 이야기를 할 수 있나요?

현민 거부감 있는 사람도 있어요. 그래도 사람들과 이야기할 수 있는 건 제가 사람들한테 환대해 주고 싶은 마음이 있고, 그 마음을 드러냈기 때문이 아닐까 싶어요.

최근에 서점을 소개할 때 '환대'라는 개념을 많이 언급하고 있어요. 이전에 소개할 때는 '청년들이 운영하는 서점'이라고 했는데 너무 이상한 거예요. '그게 어떻게 이 서점을 설명하는 말이 되지?' 아줌마, 아저씨가 운영하는 동네 책방이라고는 안 하잖아요. 그래서 우리 서점을 잘 소개하려면 다른 말이 필요하겠다 싶었고 지금은 '책과 환대가 있는 공간'이라고 소개해요.

어쩌다가 환대를 중요한 키워드로 삼게 되었는지 궁금해요.

현민 제가 이 마을이 항상 편하기만 한 건 아니었지만, 마을에서 환대를 많이 받았다고 생각해요. 특정 사람이 환대해 준 것이기도 하고, 그 사람들이 만든 공간이 환대해 준 것이기도 한데요. 예를 들면 〈느티나무도서관〉이라는 마을 도서관을 처음 갔을 때 엄청 충격받았어요. '도서관 안에서 말해도 되고, 소리 내도 된다니.' 내가 이 마을에서 뭘 해도 되는지 알아 갈 때마다 환대 받는다고 느꼈던 것 같아요. 그런 경험을 했을 때 되게 좋았거든요. 그래서 저도 〈우주소년〉에 오는 사람들을 환대하고 싶어졌어요. 방문한 사람들이 저에게 말을 걸어도 된다는 걸 느끼게 해주고 싶어요.

서점에서 환대한다는 건 어떤 건가요?

현민 이 서점에 오는 사람들은 자기를 위로해 주거나, 아니면 자기가 조금 더 이 세상을 이해할 수 있는 이야기를 찾는 것 같아요. 그럴 때 제가 그 사람들에게 줄 수 있는 게 환대겠다. 편하게 찾고자 하는 걸 찾을 수 있도록요. 환대에 대해서는 간단히 생

각해도 된다고 생각해요. '어떤 존재가 이 서점에 입장한다는 것만으로도 반겨 줄 수 있지 않을까?' 싶어요. 많이 따지거나 해석하지 않아도, 반겨 주는 것 자체만으로도 되게 기쁜 일이니까요.

현민이 〈우주소년〉에서 구체적으로 사용하는 환대 방법이 있나요?

현민 주로 말 걸기죠. 근데 화장품 가게에 들어가면 직원들이 따라다니는 것처럼 하진 않아요. 제가 그 사람의 이야기를 들을 수 있는 상태와 그 사람이 저의 이야기를 들을 수 있는 상태가 맞물릴 때 말을 걸어요. 보통 책을 들고 오시면 계산하면서 얘기를 시작해요. 근데 사실 손님이 들어오시면 카운터에 앉아서 다 보고 있어요. 무슨 책 들었는지 보고 '저런 거 읽으시는구나', '저런 거에 관심 있으셨구나' 하죠.

저한테는 어떤 사람이 무슨 책을 집는지, 저랑 무슨 얘기를 하는지, 무슨 책을 사는지가 중요해요. 이 과정을 경제적인 방식으로 접근할 수도 있지만, 어떤 사람이 어떤 이야기를 필요로 하느냐로 해석할 수도 있단 말이에요. 그래서 저는 어떤 사람이 어떤 책을 집었는지를 오래 기억하고, 거기서 제가 나아가야 할 방향에 대한 감을 얻고 있어요. '내가 이런 걸 좀 더 드러내도 되는구나, 이런 이야기를 더 내보여야겠다' 하면서요.

혼자 살 수는 없잖아요

나랑 문화가 다른 곳에서 나의 이야기를 하는 게 어렵잖아요. 저는 그 두려움이 좀 큰 것 같아요. 낯선 타인 앞에서는 그 차이를 다 깎아서, 플랫한 부분만 보여 주거든요. 누가 봐도 문제가 되지 않을 부분만요. 다른 부분을 상대에게 보여 줬을 때 거절당할 거라고, 멀어질 거라고 생각하는 것 같아요. 어떻게 현민은 그 다른 이야기를 사람들에게 할 수 있었나요?

현민 이건 진짜 제힘은 아니에요. 그러니까 제게 뭔가 대단한 게 있어서 그런 게 아니에요. 저도 혼자 있으면 잘 못하거든요. '해야 하는' 상황이라기보다는 '하지 않으면 안 되는' 상황이었어요. 근데 친구들이 함께 있어서 할 수 있었죠.

혼자 있으면 제 이야기에 확신을 갖기 어려워요. 아마 장년분들의 말과 행동이 불편하더라도 제대로 인지하지 못했을 거예요. 마을에선 청년이 장년에 비해 소수이고, 또 소수의 문화를 가지고 있으니까요. 근데 친구들이 있으면 좀 이상한 일이라고 느껴도 되는구나, 내가 어떤 감정을 느끼고 있구나, 하는 걸 정확하게 알게 돼요. 친구들 사이의 공통된 맥락을 확인하는 일이기도 하고 우리의 이야기를 만들어 가는 일이기도 하죠.

또 제가 혼자 책임을 지지 않아도 된다는 것도 도움이 됐어요. 마을에 일이 생기면 주로 제가 청년 대표로 불려 갔거든요. 그런데 친구들이 많이 있으니까, 친구들이 대신 가 줬어요.

문화 차이가 발생했을 때 자신의 상태나 감정을 알아차리기 어려운 것 같아요. 특히 소수의 문화를 가지고 있으면 더 심한 것 같고요. 만약 알아차리지 못하면 당장에는 문제가 안 되지만, 점점 눈덩이처럼 불어나서 걷잡을 수 없는 순간 터져 버리게 되지 않나 싶어요.

현민 대하기가 진짜 어려웠던 분들이 있었어요. 그분들 입장에서는 좋은 경험이 될 게 분명하니까 저희에게 해보라고 무작정 권하거나, 청년들이 오면 좋은 그림이 될 것 같다면서 그 일의 취지와 상관없이 저희를 불렀어요. 처음엔 오라면 다 갔죠. 그런데 친구들과 이야기를 나누면서 장년들이 권하는 일 중에 나에게 도움이 되지 않는 일도 있다는 걸 알게 됐어요. 그전까지는 어른들이라고 하면 부모님들이거나 학교 선생님들이었잖아요. 그런 분들 말은 그냥 다 들어야 하는 거였어요. 부담스러웠죠. 장년과의 관계를 권력적인 관계라고 봤던 것 같아요.

그런데 마을의 어떤 분들은 저희에게 큰 신뢰를 보내 주시기도 했거든요. 우리 이야기를 궁금해하고, 내가 이야기하고 싶어 하면 언제든 들어주고 같이 고민해 주겠구나 싶은 느낌이 들었어요. 신기한 경험이었는데, 그래서 생각이 좀 바뀌었죠. 장년이라고 내가 꼭 다 따라야 하는 건 아니구나, 장년들도 사람이구

나 싶었어요. 그러면서 장년들과도 친구가 되고 싶다고 생각하게 됐어요. 친구들에게서 느낄 수 있는 감각을 나이 차이가 나는 사람들한테서도 느끼고 싶어요. 그들에게도 이해받을 여지가 있다고 느낄 수 있었으면 좋겠어요. 왜냐면 혼자 살 수는 없잖아요.

그럼 청년과 장년의 관계는, 그러니까 현민을 비롯한 현민의 친구들과 장년들의 관계를 뭐라고 할 수 있을까요?

현민 '우리가 우리를 우정으로 부르기 시작한다면?'이라는 질문을 던져 보고 싶어요. 그러면 그 뒤에 대해서 생각해 보게 되니까, 뭐가 올지 기대돼요. 이전과 다른 관계를 맺을 수도 있을 것 같아요.

현재 스코어는 어떤 것 같아요? 〈우주소년〉은 마을의 청년이라고 느끼나요? 아니면 그렇지 않다고 느끼나요?

현민 저는 청년이라고 안 불리고 싶어요. '청년'이 나이대를 뜻하는 말이지만, 사람들이 많은 기대를 걸거든요. '청년'에 대한 이미지가 있잖아요. 너무 건강하고, 열정적이고, 잃는 걸 생각하지 않으면서 덤벼들고. 사실 저는 그렇지 않거든요. 저와 제 친구들은 그런 모습이 아니에요. 저희는 진짜 자주 아프고, 엄청 예민하고 우울하고 슬프거든요. 그런 개념 없이도 제가 마을에서 존재할 수 있지 않을까요?

말을 바꿔 보자면, 현민과 현민의 친구들은 마을의 구성원이라고 느끼나요?

현민 '마을'이라는 단어를 생각했을 때 떠오르는 이미지가 맨 처음하고 많이 달라진 것 같아요. 처음에는 '어떤 가치를 공유하는 장년들의 생활 터전'에 가까웠다면 지금은 '내 친구들이 있는 곳'이라고 생각해요. 그리고 내 친구들이 있는 곳이 마을이라고 한다면, 저는 마을 사람이죠. 누가 인정해 줘서가 아니라, 저희가 그 자리를 차지한 거예요. 물론 지금은 완전히 마음 놓고 모든 장년들을 친구라고 부를 수는 없지만요. 그런 날이 왔으면 좋겠다고 생각하고 있어요.

달라도 어쩔 수 없다

나와 문화가 다른 존재들과 함께 살아갈 수 있다고 생각하나요?

현민 있다, 없다가 아니라… 해야 하지 않아요? 어쩔 수 없지 않나요? (웃음) 사실 저랑 가까운 친구도 저랑 다르다고 하면 진짜 다르니까요.

너무 달라서 도저히 같이 못 살겠으면 연을 끊기도 하고 차단막을 내리기도 하잖아요. 꼰대랑 같이 못 살겠다며 단독 사업체를 꾸리기도 하고, 시골 마을에서 더 못 살겠다며 도시로 나오기도 하고요. 그래도 현민은 같이 살 수밖에 없다고 생각하는 거죠?

현민 그런 것 같아요. 근데 차단하고 싶은 마음이 들면 그렇게 하라고 말하고 싶어요. 저는 그게 단절이 아닌 것 같거든요.

왜요?

현민 어쨌든 다 이어지니까요. 제가 지금 이 앞에 있는 사람을 단절한다고 해도 이와 비슷한 사람을 또 만나게 될 거예요. 삶이 길잖아요. 단절했다가 또 돌아오고 싶은 마음이 생길 수도 있는 거고요. 그래서 그런 마음이 들면 그냥 그렇게 하라고 하고 싶어요. 저도 그렇게 할 거고요. 갔다가 아닌 것 같으면 돌아왔다가, 또 아닌 것 같으면 또 갔다가, 그렇게 해도 괜찮았으면 좋겠어요.

어떻게 하면 다른 문화를 가진 사람들이 같이 잘 살 수 있을까요?

현민 살다 보면 단절했다가, 또 단절이 아니게 됐다가, 그렇게 되지 않을까요? 비장한 마음 같은 게 필요한 사람도 있겠지만, 저는 마음을 좀 편하게 먹고 싶어요.

어차피 단절될 수 없는 존재들이니까 길게 보는 건가요? 애쓰지 마라?

현민 애써도 되는데, 애쓰지 않아도 괜찮다. 사실 이런 말이 저한테 필요한 것 같기도 해요. 그래도 만약 장년들에게 뭔가 기대를 해볼 수 있다면… 진지하기 시작하면 심각하고 힘든 일이 너무 많잖아요. 제가 그런 거에 사로잡혀 있을 때, 먼저 살아 본 사람이니까 괜찮다고 좀 유쾌하게 말해 줄 수 있으면 좋겠어요.

＊
＊＊

인터뷰가 채 끝나기 전, 이른 점심에 〈우주소년〉에 장년들이 들이닥쳤다. 현민은 인터뷰하며 장년과 함께 사는 게 얼마나 쉽지 않은지 토로하다가도, 이들을 응대할 땐 활짝 웃어 보였다. 사실 인터뷰하기 전엔 웃다가 울고 울다가 웃는 현민이 내심 걱정됐다. 울다가 웃으면 엉덩이에 뿔 난다는 말도 있듯이, 감정 기복이 현민을 힘들게 할 수도 있다고 생각했기 때문이다. 그런데 인터뷰가 진행될수록 현민의 그런 모습이 이해되기 시작하더니, 인터뷰가 마칠 즈음엔 멋있게 느껴졌다. 누군가는 좋기만 하고, 또 누군가는 나쁘기만 했다면 현민은 웃기만 하거나 울기만 할 수 있었을 것이다. 그러나 현민이 만난 장년들은 타인을 환대할 줄 아는 사람들이기도 했고, 또 오류를 범하는 사람들이기도 했다. 현민은 장년들의 환대에 한껏 즐거워했고, 또 장년들의 오류에 한껏 괴로워했다. 그 덕분에 현민은 마을에 있을 수 있었고, 마을에 돌아올 자리를 만들겠다고 생각한 것일 터이다.

마을에서 환대받았고, 환대받은 만큼 서점을 환대의 공간으로 꾸리고 싶다는 현민의 이야기를 듣다 문득 사람들이 〈우주소년〉에서 책을 빌리던 모습이 떠올랐다. 〈우주소년〉은 보고 싶은 책이 공공도서관에 없을 경우, 서점에서 구매한 뒤 사람들이 빌려 갈 수 있도록 하는 공공서비스를 제공하고 있다. 현민은 책을 내어주면서 대출하러 온 사람들에게 이런저런 질문을 했다. 어린이책을 빌려 가는 사람에겐 하는 일을 묻고, 오랜만에 온 사람에겐 무슨 일이 있었냐고 물었다. 그러면 사람들은 자신의 관심사를("아 네, 최근에 어린이 프로그램을 시작했거든요"), 최신 근황을("요즘 아들 일로 바빠서 연체도 하고 그래요") 이야기해 줬다.

내가 주로 책을 보는 곳은 시립 도서관인데, 그곳은 누가 뭘 고르는지 신경도 쓰지 않고 관심도 없다. 어쩌면 나의 이야기에 관심을 가져 주는 사람이 있다는 것, 내가 어떤 책을 고르는 행동이 나에게뿐만 아니라 책을 내준 곳에도 의미가 있다는 것, 그래서 내가 엉뚱한 곳에 온 게 아님을 알게 되는 것, 그것이 〈우주소년〉에서 받을 수 있는 환대인지도 모른다.

『밀파막』은 2022년 5월에 발간됐다. 두 번의 북토크가 열렸는데, 현민의 부탁으로 내가 진행을 맡았다. 한 번은 마을 장년들을 대상으로 한 비공개 북토크였고, 다른 한 번은 모든 사람들에게 오픈한 공개 북토크였다. 비공개 북토크에는 서너 명의 청년과 열댓 명의 장년이 참석했다. 현민은 북토크를 진행하기에 앞서 나에게 이 자리가 청년과 장년 모두에게 이야기의 물꼬가 터지는 계기가 됐으면 한다고 했다. 북토크를 매끄럽게 하기 위한 대화 주제를 몇 가지 준비했지만, 굳이 꺼낼 필요가 없었다. 모두가 조심스러웠다. 현민과 친구들도, 마을에서 오래 활동해 온 장년들도 섣불리 말하거나 나서지 않았다. 그러나 그 덕분에 대화는 천천히 자기 길을 찾아갔다. 청년들은 『밀파막』을 왜 쓰게 됐는지 얘기했고, 장년들은 『밀파막』의 글을 어떻게 읽었는지 말했다. 마을에서 청년과 장년이 함께 어울리는 게 어떤 일이었는지, 청년과 장년들은 각자의 입장을 전달했다. 끝날 때까지 아무것도 해결된 게 없었지만, 확실해진 건 있었다. 청년과 장년 모두 상대를 비난할 의사가 없다는 것과, 그동안 외면했던 문제가 있었다는 것, 그리고 그것을 대화의 주제로 삼아 볼 의향이 있다는 것이었다.

이후 현민은 〈우주소년〉 일을 내려놓고 독일로 떠났다. 독일에서 지내고 있는 현민은 아직도 자신이 왜 떠나왔는지 잘 모르겠다고 말한다. 그는 너무 많은 사람들에 둘러싸여 사는 것에 지쳤을지도 모른다. 어딜 가도 아는 사람들과 매번 부딪혀야 했으니, 그 과정에서 자신을 잃고 있다고 느꼈을지도 모른다. 관성을 거슬러 장년에게 대화하자고 먼저 손 내미는 과정에서 힘이 빠졌을지도 모른다. 독일은 현민의 마을과는 완전 다른 곳이다. 이제 현민은 어딜 가도 자신이 엉뚱한 곳에 와 있다는 걸 확인한다. 마을엔 현민의 이야기를 기꺼이 들어주고 싶어 하는 사람들이 곁에 있었지만, 독일은 그만큼 진지하게 자신을 궁금해하는 사람이 없다. 친구가 없어 지독하게 슬퍼 본 뒤에야 현민은 자신에게 나이를 초월한 여러 종류의 친구들이 얼마만큼 필요한지 확인할 수 있었다. 현민은 인터뷰에서 언제든 떠날 수도 있고 돌아올 수도 있어야 한다고 말했다. 현민이 어디로 돌아올지는 아무도 모른다. 중요한 건 현민이 떠나는 와중에 장년들에게 대화해 보자고 손을 먼저 내밀었다는 것이다. 지난 몇 년간의 경험을 외면하지 않고 대면함으로써 자기 손으로 돌아올 곳을 만들었다는 게 중요하다. 그곳은 〈우주소년〉일 수도 있고, 마을 사람들과의 관계일 수도 있고, 장년이라는 존재일 수도 있다. 그는 독일에서 지난 시간을 반추하며, 자신이 닦아 놓았던 길의 어디론가로 돌아갈 것이다.

〈우주소년〉

#독립서점 #마을책방 #할인대신환대 #이야기_수집공간

1. 〈우주소년〉

2014년에 시작해 마을 공간으로 자리 잡았다가, 없어질 뻔했으나 2019년에 동네 주민들의 펀딩으로 다시 살아나게 되었다. 이후 마을에서 자라고 살아가는 5명의 청년들이 운영을 맡았다. 상처받기 쉬운 이 세상에서, 책방은 유해한 곳이 아니라는 마음으로 할인 대신 환대를 드리는 책방이고자 한다. 책이 하나의 이야기이듯, 아직 이 세계에 도착하지 못한 이야기, 우리가 사랑하는 이야기들이 이곳에 모이고 나눠진다면 좋겠다.

2. 〈우주소년〉의 활동

1) **큐레이션** 〈우주소년〉에서는 매니저들의 관심사나 시대적 사회문제에 따라 다양한 큐레이션을 만들어 비치하고 있다. 서점에 방문하면 책뿐만 아니라 제로웨이스트 물건과 동네 자립 플랫폼 〈핑계부엌〉 숍인숍에서 판매하는 마을 사람들이 만든 물건들을 구매할 수 있다.

2) **문화 프로그램** 간헐적으로 주변 학교와 결합한 마을 청소년 인턴십, 저자와의 북토크, 영화 상영, 작은 공연, 세미나들을 진행한다. 목적이 거창하지 않아도 하고 싶은 사람들이 있다면 뜨개 모임 혹은 필사 모임 같이 자발적으로 프로그램을 운영하거나 참여할 수 있다.

3) 마을과의 연결 일상적으로 책 판매와 더불어 비건 카페를 운영하여 마을 주민들의 연결 공간이 되고 있다. 운이 좋다면 방문 시 서점에 와서 밥을 먹고 가는 길고양이를 만나거나, 마을 주민들이 놓고 가는 다양한 간식들을 맛볼 수 있다.

3. 〈우주소년〉에게 연락할 수 있는 방법

공간: 용인시 수지구 수풍로 127번길 5 101호 책방 우주소년

전화번호: 070.4799.2201

인스타그램: @spaceboy_127

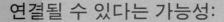

연결될 수 있다는 가능성:

플라스틱과 함께 사는 환경 캠페이너,
<그린오큐파이>의 윤지

＊

　윤지와 나는 사회 문제에 민감하게 반응하는 전국의 청소년이 모여들기로 유명한 대학에 같이 다녔다. 우리가 쉽게 친해진 건 개중에서도 좀 더 비뚤어진 시각을 가지고 있었기 때문일 것이다. 선배들과 함께 시위에 나가거나 희망버스에 오를 때면 유독 쿵짝이 잘 맞았다. 선배들은 학우들이 거대한 의제 아래서 전체를 위해 일사불란하게 움직여 주길 바랐다. 그러나 우리는 선배들이 통제하면 통제할수록 오합지졸이 된다고 느꼈다. 무겁고 눈에 잘 띄는 커다란 대형은 당시 우리를 분노케 했던 광화문의 명박산성을 뚫을 수 없었고, 밀양 송전탑 건설을 막으려는 우리를 저지하던 가드라인을 넘을 수 없었다. 우리는 언제나 현장에 있었지만, 한 걸음 물러나 있었다. 윤지는 옴짝달싹 못하게 될 때마다 답답해 어쩔 줄 몰라 하며 말했다. "꼭 이렇게 해야 돼? 재미가 없잖아!"

　당시 나는 '재미없다'는 말에 완전히 동의하지 않았다. 상황을 재밌게 느꼈기 때문은 아니고, 내가 그다지 재미를 찾는 사람이 아니기 때문이었다. 2015년에 우리는 해방촌에서 같이 살았는데 윤지는 종종 내 일상을 보며 혀를 내둘렀다. 사실 꽤 많은 친구가 내가 사는 모습을 보고 "재미없게 산다"고 말한다. 일찍 일어나서 일찍 자고, 때가 되면 밥을 먹고 꾸준히 운동하며, 깨어 있는 대부분의 시간에 일을 한다. 어떤 친구들은 종종 그런 나를 안타깝게 여겨 번화가나 술집에 데려가지만, 그런 곳에서 재미를 느낀 적은 거의 없었다. 하지만 윤지와 해방촌에서 보낸 시간은 조금 달랐다.

어느 날 분식집에 저녁거리를 포장하러 갔는데 윤지가 "반찬통 들고 올걸 그랬네"라고 말했다. 그는 비닐에 떡볶이를 담아 주시는 아주머니를 아쉬운 눈길로 바라보고 있었다. 무슨 말을 하는 건지 이해가 잘 안 됐다. '분식집에 반찬통을 왜 들고 온다는 거지?' 하지만 또다시 재미없는 친구라는 소리를 듣고 싶지 않아서 가만히 있었다. 그 후 윤지가 반찬통을 가지고 시장에 가는 모습을 직접 보고서야 이해할 수 있었다. 때는 다회용기에 음식을 담아 가는 '용기내' 캠페인이 확산되기 훨씬 이전인 2015년이었다. 나는 일 년에 몇 번씩 밀양에 내려가서 송전탑 건설을 반대하고, 전기를 적게 써야 한다고 외치고, 인간이 환경에 지대한 악영향을 미친다고 생각했지만, 놀랍게도 일회용품에 대해서는 거의 생각해 본 적이 없었다.

윤지는 국가나 대학교에 대한 문제의식을 가졌던 것처럼 사회의 움직임을 늘 기민하게 살피고 반응했다. 대신 대학교에서 만났던 선배들처럼 조직이 어째야 한다거나, 모두가 함께 움직여야 한다고 강요하지는 않았다. 그는 자기 삶에서부터 작은 변화들을 만들어 갔다. 가령 자본주의 시장이 작동하며 만들어 내는 음식물 쓰레기에 문제의식을 갖게 되었을 때, 윤지는 새로운 식문화를 자기 삶에 도입하기로 결심했다. 해방촌에 나와 함께 살며 가능한 음식을 해 먹고, 소박한 식습관을 유지한 것도 그 때문이었다. 당시 그는 학교 수업도 듣고 알바도 하고 교환학생도 준비하는 와중에 도시락을 싸 들고 다녔다. 일주일에 한두 번은 반찬을 만드는 시간을 가졌고, 반찬을 만들기 위해 장을 보고 냉장고를 정리하는 일도 잊지 않았다. 이건 윤지에게 '재밌는 일'이었고, '재밌는 일'은 자연스레 주위 친구들로 하여금 도시락에 대한 열망을 불러일으켰다.

우리는 일 년 만에 자취 생활을 접었다. 나는 대학을 자퇴하고 인문학 공동체에 들어갔고, 윤지는 교환학생을 다녀온 후 휴학 없이 대학교에 다니다가 마지막 학기에 인턴으로 일자리를 얻었다. 오래 다닌 첫 직장은 환경단체였는데, 그곳에서 그는 사회초년생의 나날을 보냈다. 이해할 수 없는 일들을 이해하려고 애쓰고, 고되고 피로한 몸을 굴리기 위한 방법을 찾고, 자신이 잘하는 일은 뭐고 하고 싶은 일은 뭔지 알아보다 보니 몇 년이 훌쩍 지나가 있었다. 윤지는 그렇게 정신없는 시간을 보내고 난 뒤, 자신이 워커홀릭이라는 사실을 깨달았다. 윤지는 일하는 것을 좋아했다.

일을 좋아하는 윤지는 자신이 즐거워하는 소재를 일로 만들어야겠다고 생각했던 것 같다. 어느 날 윤지가 내게 사이드 프로젝트로 제로웨이스트숍을 열 생각이라고 말했다. 다마스에 제로웨이스트숍을 차려 전국을 돌아다니고 싶다고 말이다. 여전히 회사 일로 바쁘긴 했지만, 사회초년생을 벗어나 마음의 여유가 조금 생긴 참이었다. 사회적으로는 우리가 자취하던 때보다 쓰레기에 대한 경각심이 더 생긴 때이기도 했다. 하지만 쓰레기를 전혀 만들지 않고 소비할 수 있는 제로웨이스트숍은 수도권, 그것도 서울 일부 지역을 중심으로 자리 잡고 있다. 제로웨이스트숍에 접근할 수 있는 사람은 극소수이고, 그런 제로웨이스트숍을 보고 지역 주민이 일회용품에 대한 문제의식을 갖게 될 가능성도 무척 낮았다.

윤지는 사람들과 재밌게 만나고 싶어 했다. 통제하거나, 하지 말라고 질책하는 건 윤지 스타일이 아니었다. 다마스는 소분해 갈 수 있는 몇 종류의 식재료, 환경 오염을 덜 시키는 비누나 세제, 플라스틱 용품을 대체할 수 있는 칫솔이나 수세미를 싣고 달리기에 충분할 것이었다. 최소한의 면적으로 최대한의 효율적인 공간을 만들어 낸 자동차 다마스는 도로 위에서는 짐꾼의 역할에 충실할 것이고, 길가에서는 가판대의 역할에 충실할 것이었다. 좁은 밀집 거주 구역을 지나기에도, 멈춰서기에도 적합

할 것이었다. 그리고 친구들이 윤지의 재밌고 귀여운 도시락을 보고 혹했던 것처럼, 사람들은 재밌고 귀여운 다마스를 보고 발길을 멈출 테다.

내가 실제로 〈그린오큐파이〉의 다마스를 만난 건 〈그린오큐파이〉의 소분 상점이 시작되고 몇 달 뒤인 2021년 여름이었다. 다마스는 내 상상보다 더 귀여웠다. 도저히 차로 보이지 않는 사이즈의 흰색 다마스는 뽀얀 가판대처럼 보였다. 차 외관 곳곳에는 〈그린오큐파이〉 로고와 'Do the next small thing' 같은 문구가, 내부에는 판매하는 물건에 대한 설명과 구매할 수 있는 방법이 붙어 있었다. 비가 추적추적 내렸다. 다행히 다마스는 빌라 1층 주차장에 자리를 잡았기에 타격을 입지 않았다.

멀리서 보니 세 방면으로 활짝 열린 채 빌라 주차장에 주차된 알록달록한 다마스가 꽤 수상해 보였다. 지나가는 모든 사람이 다마스를 한 번씩 쳐다봤다. 동네 주민들에게 이 다마스는 매일 같은 풍경인 주거 밀집 구역에 등장한 새로운 트럭 잡화점이었다. 누군가의 시선이 느껴지면 윤지는 그들을 열심히 불렀다. "와서 한번 보고 가세요." 아무렴, 눈을 마주치고 부르지 않으면 사람들은 이 수상한 잡화점에 들를 엄두를 내지 못할 것이다.

한 모녀가 다가왔다. 어머님이 지나가는 길에 들렀다가 이곳이 무언가를 소분해 갈 수 있는 곳이란 얘기를 듣고 다회용기를 들고 딸과 다시 온 것이다. 어머님이 130도 각도로 열린 다마스 문에 대롱대롱 매달려 있는 말린 식물 수세미를 보고 말했다. "이거 진짜 좋아요, 진짜로." 자연에서 나고 자연적으로 분해되는 친환경 수세미였다. 내게는 놀랍고 신기한 신문물이었는데, 어머니에게는 반가운 옛 물건이었다. 아마도 과거엔 진짜 말린 수세미를 사용했던 모양이다. 그렇게 윤지와 한참 대화를 하던 아주머니는 조금 어색하게 미세한 무게를 잴 수 있는 저울 위에 다회용기를 올리고 필요했던 주방 세제를 담아 집으로 돌아갔다.

처음에 윤지는 나의 인터뷰 요청을 완곡하게 거절했다. 윤지의 거절도 일리가 있었다. 친분 있는 친구를 인터뷰하는 일은 쉽지 않다. 인터뷰이와 인터뷰어의 관계 때문에 독자가 불편함을 느낄 수도 있고, 글을 쓰다가 필요한 정보를 누락하는 실수를 할 수도 있다. 그럼에도 불구하고 나는 윤지의 인터뷰를 진행해야겠다고 생각했다. 왜냐면 이 인터뷰집은 고군분투하며 이질적인 존재와 살아가는 멋진 친구들을 소개하기 위해 시작되었기 때문이다. 윤지는 그런 사람 중 하나다. 누구보다 치열하게 머리를 싸매고 몸을 움직이는 사람이고, 사회의 문제를 예리하게 포착하고 그것을 풀어내고자 노력하면서도 생기와 재미를 잃지 않는 사람이다. 윤지는 나의 친구이지만, 나는 윤지를 그리고 윤지가 가진 지혜를 독점하고 싶지 않다.

인터뷰는 윤지 집에서 진행했다. 윤지는 문화를 향유함으로써, 그러니까 일상에서 작은 실천을 해 나감으로써 자기 삶을 가꾸는 사람이다. 그러니 윤지의 집만큼 윤지를 잘 보여 줄 수 있는 공간은 없을 것이다. 그곳에는 윤지가 아무리 바빠도 짬을 내어 도시락을 싸는 주방이 있고, 마음을 단단하게 해주는 다기 도구가 있고, 리듬을 되찾아 주는 요가 매트가 있다. 윤지는 해가 잘 드는 창문 앞으로 나를 안내했다. 허리를 꼿꼿이 편 채로, 이렇게 오래도록 대화한 건 처음이었다.

움직이는 다마스, 움직이는 소분 상점

<그린오큐파이>는 무슨 뜻인가요? 2011년 뉴욕에서 일어난 '월가를 점거하라(Occupy Wall Street)'를 연상하게 하는 이름이잖아요. 사람들이 이 이름에서 어떤 인상을 받을지도 궁금해요.

윤지 사람들이 '점거'(occupy)라는 단어에서 공격적이고 센 느낌을 받는 것 같아요. <그린오큐파이>는 말 그대로 '초록으로 점거한다'는 뜻이에요. 오늘날 초록이나 환경은 '언제까지나 우리 곁에 있을 것' 아니면 '조경, 자원, 건강 등에 이용하는 도구' 정도로 받아들여지잖아요. 저희는 이 이름으로 초록이 다른 고려

요소보다 우위에 있을 수 없다는 이미지를 타파하고 싶었어요. 클릭 한 방이면 배송을 받을 수 있는 세상이잖아요. 굳이 시간과 에너지를 써야 할 이유가 없으면, 그러니까 그만큼 환경에 대한 우선순위가 높지 않으면 행동하기가 쉽지 않은 거죠. 그래서 이름에 '앞으로 세상을 초록으로 물들이자'는 미션을 담았어요.

이름에 공격적이고 센 느낌을 담았군요. '환경이 우선순위가 되지 못하고 있지만, 우리는 그렇게 두지 않겠다' 같은 느낌이네요.

윤지 〈그린오큐파이〉라는 이름을 짓는 데 시간을 정말 많이 들였어요. 근데 보면 알겠지만 이름이 주는 강렬함에 비해서 브랜드 정체성이나 활동할 때 모습, 디자인은 그렇게 세지 않거든요. 표현되는 방식까지 꼭 세게 갈 필요는 없다고 생각했어요. '이름을 표현할 때는 좀 더 귀엽고 소소하고 친근한 방식으로 하자' 해서 지금의 톤앤매너가 만들어졌어요.

혹시 <그린오큐파이>를 시작하면서 목표로 삼았던 게 있었나요?

윤지 〈그린오큐파이〉는 '왜 환경 이슈를 재밌고 쉽게 아우를 수 있는 팀이 없지?'라는 질문에서 시작했어요. 그리고 움직이는 소분 상점은 〈그린오큐파이〉의 프로젝트 중 하나에요. 지금 움직이는 소분 상점을 운영하고 있지만, 여러 가능성을 열어 두고 있어요. 〈그린오큐파이〉가 저희의 문제의식이나 아이디어가 세상에 나올 수 있는 장이 되면 좋겠다는 게 저희의 목표라면 목표겠죠.

팀은 어떻게 꾸려지게 되었나요?

윤지 저희는 고등학교 친구예요. 성인이 되고 나서도 자주 연락하고 만나면서 이런저런 아이디어나 생각을 나누곤 했어요. 개인적으로는 '이 친구랑 함께하면 재밌겠다', '내가 가진 아이디어가 더 잘 다듬어질 수 있겠다'는 느낌을 받았죠. 그러다가 2020년에 비건 팝업 키친을 같이 열었는데, 그다음에 또 뭔가 해보고 싶다는 생각이 들더라고요. 그게 〈그린오큐파이〉의 시작이었어요. '움직이는 소분 상점'은 자연스럽게 서로의 지향점이 맞닿게 되면서 시작하게 됐어요. 비건 팝업 키친 이후에 다른 멤버가 지역에 새로 생긴 제로웨이스트숍의 매니저로 일했거든요.

윤지는 어쩌다가 제로웨이스트숍에 관심을 갖게 됐어요?

윤지 당시 저는 환경 NGO에서 일하고 있었어요. 그쯤 쓰레기 대란이 화두가 되면서 제로웨이스트 문화가 알려지기 시작했고, 저희 동네에 제로웨이스트숍이 생겼어요. 생활권 내에 제로웨이스트숍이 생기는 게 삶에 얼마나 긍정적인 영향을 끼치는

지 경험했죠. '내가 운이 좋은 거다'라는 생각이 들더라고요. 제가 사는 동네에 환경에 대한 문제의식이나 관심을 가진 사람들이 많으니까 생긴 거잖아요. 이 동네에 살고 있기 때문에 누릴 수 있는 혜택과 같은 거고요.

제로웨이스트숍을 자주 가면서 사람들이 점점 많이 찾아오는 걸 실감할 수 있었어요. 거기에 오는 사람 중에는 엄청나게 큰 배낭이나 캐리어를 들고 오는 분도 있었고, 지역에서 10명씩 답사를 오는 그룹도 있었어요. 매장의 SNS를 보면 댓글에 자기 동네에도 생기면 좋겠다는 얘기도 많았고요. 그런데 코로나로 경기가 침체되어 있다 보니까 지역에 제로웨이스트숍이 생기는게 어려웠어요. 이 사업이 마진이 많이 남지 않으니까 임대료가 부담스럽잖아요. 그래서 임대료의 부담이 적은 형태로 이 혜택을 누리지 못하는 사람들을 직접 찾아가는 프로젝트를 하게 된거예요.

또 제로웨이스트숍과 별개로 그때 제가 다마스의 귀여운 풍채에 좀 꽂혀 있었어요. 저의 경험과 제로웨이스트숍에 대한 관찰, 평소의 관심사가 딱 만나면서 시작하게 된 게 이동형 소분 상점이에요. 주변에 이런 얘기를 했을 때 많은 응원과 지지를 받았고, 친구들에게 함께하고 싶다는 이야기를 들으면서 시작하게 됐어요. 결정적으로는 지원 사업을 받으면서 스타트를 끊을 수 있었죠.

우연을 빙자한 우연하지 않은 계기

동네에서 제로웨이스트숍이 있었던 게 구체적으로 삶에 어떤 영향을 미쳤을지 궁금해요.

윤지 가까이에 제로웨이스트숍이 있다는 건 걸어가거나 자전거를 타고 가서 플라스틱 쓰레기를 만들지 않는 소비를 할 수 있다는 거잖아요. 거기서 물건을 사는 행위가 소비를 위한 소비가 아니라 칫솔, 치약, 비누, 세제 같은 생필품들을 마련하는 일이기도 하고요. 그리고 제로웨이스트숍에 가면 플라스틱병 뚜껑이나 우유 팩, 두유 팩 이런 것들을 모아요. 가지고 오면 도장을 찍어 주고 도장을 모으면 선물을 주는 리워드도 있는데요. 그런 게 있으니까 버려졌던 것들을 버리지 않고 모아서 가지고 갈 수 있게 된 거죠.

또 매장이 점점 유명해지고 사람들이 많이 오는 걸 보면서 용기도 생긴 것 같아요. '비슷한 고민을 하는 사람들이 많구나.' 그 공간에 가면 지원군, 동료의 에너지를 느낄 수 있어요. 어떤 일을 할 때, 사회적인 문제를 해결할 때도 마찬가지인데 혼자 하면 외롭잖아요. '왜 나만 이렇게 아등바등해야 돼?', '왜 내가 생각하는 것에 공감해 주는 사람이 없지?'라고 생각하면 힘이 빠지는 경우가 많은데요. 제로웨이스트숍에 점점 많은 사람들이 오는 걸 보면서 힘을 얻었어요.

쓰레기를 만들지 않을 수 있고, 버리던 것도 버리지 않을 수 있게 되었군요. 그런데 그걸 아까 "운이 좋았다"고 표현한 게 인상 깊어요.

윤지 "운이 좋았다"라는 말의 기저에는 감사한 마음이 있는 것 같아요. 사실 생각해 보면 그걸 누릴 수 있다는 게 감사한 일이잖아요. 감사한 마음을 갖는 게 제 삶의 방식이기도 하고요.

언제부터 환경문제에 관심이 있었나요? 제가 윤지를 처음 만났을 때, 그러니까 대학생 때 이미 윤지는 환경문제에 관심이 있어 보였거든요. 텀블러를 항상 가지고 다니고, 때로 도시락을 싸 오기도 했죠. 윤지가 대학생 때 입고 다녔던 옷 스타일이 꼭 히피 같아서 더 그렇게 느꼈던 걸지도 모르겠지만요. (웃음)

윤지 시작은 고등학교 때 발생한 후쿠시마 원전 사고였던 것 같아요. 왜 후쿠시마 원전 사고가 나에게 트리거가 되었을까 생각해 보면, 환경문제가 생명권이나 건강권의 침해와 깊은 관련이 있기 때문인 것 같거든요. 거창한 게 있었다기보단 건강하게 오래 살고 싶은데 그럴 수 없는 환경이 되어 가는 것에서 오는 공포심, 그걸 가장 먼저 감각했던 것 같아요.

물론 당시에도 저는 사회 문제에 관심이 많았어요. 그런데 사회 문제를 해결하기 위해서는 우선 살아야 하고, 살아가기 위해서는 몸과 마음의 건강이 필요하잖아요. 자기가 원하는 미래를 향해 나아가거나 지금 하는 일에서 성과를 이루고 싶을 때조차도 필수적이죠. 그러나 화학적인 사고가 발생하면 되돌릴 수 없잖아요. 많은 것들이 무용지물이 되니까요.

지금도 '자연 생태계가 완전히 파괴되고 있고, 그것을 되돌릴 수 없는데 왜 무서워하지 않지?'라는 생각을 해요. 기후 난민이 발생하는 것처럼, 가장 약한 사람들이 피해를 보게 되어 있는 구조이기도 하고요. 그런데 사람들은 그게 자신의 문제가 아니라고 생각하기 쉽죠. 생태계의 붕괴가 직접적으로 자기 삶에 영향을 미칠 수 있다는 것 또한 쉽게 인정하지 않고요. 어떻게 자신과 그 문제들을 분리할 수 있는지, 그 간극은 어디에서 오는 건지 궁금해요.

그러게요. 오늘 같은 날씨에도 에어컨을 틀 수 없는 사람들이 분명히 있죠. 지하철역에서 윤지 집까지 걸어오는 동안 '이러다 쓰러지겠다'고 생각했거든요. 고작 10분이었는데, 이 더위에 더 오랜 시간 노출되는 사람이 있을 거라고 생각하면 아찔해요.

윤지 폭우가 내리면 지하에 사는 사람들이 훨씬 많은 피해를 볼 거고요.

사람들이 환경문제와 자신을 분리하는 간극은 어디에서 생긴 것 같나요?

윤지 지금까지 한 생각으로는 연결된 경험이 없었다는 데서 생긴 것 같아요. 자연과의 연결이든, 사람과의 연결이든, 몸과 마음의 연결이든, 그런 경험이 없으면 결국 나만 바라보고 살 수밖에 없죠. 사람들이 잘못됐다는 건 아니에요. 우리 사회가 그렇게 설계되어 있으니 어쩔 수 없는 부분이기도 해요. 저는 연결되는 경험을 많이 하는 삶을 살아왔던 거고, 그래서 운이 좋았다고 생각하고 있어요.

움직이는 소분 상점에서 사람들이 연결되는 경험을 해볼 수 있기를 바라나요?

윤지 〈그린오큐파이〉가 사람들에게 연결점이 되길 바라죠. 움직이는 소분 상점은 그래서 탄생했어요. '우연을 빙자한 우연하지 않은 계기를 만드는 게 굉장히 필요하다'는 생각이 든 거예요. 길거리에 가는 이유가 그 때문이죠. 길거리에는 돌아다니는 사람들이 있으니까요. 동네에 제로웨이스트숍이 생겨서 거기를 찾아가는 사람들이 저희 타깃은 아니었어요. 그런 사람들은 집에서 한 시간이 걸려도 한 번씩 마음먹고 갈 사람들이니까요.

다만 좀 아쉬운 건 작년에 처음 시작하다 보니까 허허벌판이나 아예 생뚱맞은 곳을 가지는 못했어요. 맨땅에 헤딩하기는 겁도 나고, 아웃풋도 만들 수가 없을 것 같고, 홍보 효과도 만들어 내기가 어려워서요. 결국에는 마포, 은평, 서대문을 떠나지 못했거든요. 그래도 '우리가 사는 곳에서부터 시작하는 게 맞다'고 생각하긴 했죠. 그 지역들이 저희 주거지였어요.

이동형 소분 상점에 오시는 분들은 어떤 경험을 하는 것 같다고 느끼세요? 사람들이 연결되는 경험을 하고 있을까요?

윤지 사실 그냥 소비자로 왔다 간 건지, 아니면 최소한 어떤 부분에서는 동참했던 건지 확인할 길이 없어요. 판단하기도 어렵고요. 고은과 이야기 나누는 것처럼 움직이는 소분 상점에 오는 분들과 깊은 얘기를 나눈 적도 많지 않거든요. 그런데 제가 '연결'이라는 단어와 함께 많이 사용하는 단어가 '가능성'이에요. 경험이 축적되었을 때 사람들이 상상할 수 있는 사회의 모습이 확장된다고 생각해요. 움직이는 소분 상점에 온 사람들에게서 '이런 것도 있구나!' 하고 알전구가 켜지는 반응을 많이 볼 수 있었어요.

움직이는 소분 상점 일을 도와주러 왔던 친구가 했던 말인데요. "우리한테는 익숙한 브랜드, 당연한 생활 습관인데 이게 여전히 새로울 수 있다는 게 충격"이라는 거예요. 저희가 너무 고여 있다는 걸 확인한 거죠. 그래서 이런 게 있는지 모르거나 아니면 찾아갈 정도로 관심이 있지 않은 사람들에게 움직이는 소분 상점이 좀 더 문턱 낮은 옵션을 제공하게 됐어요. 쉽고, 재밌고, 예쁜 것으로 어필하면서요.

©사진 김고은

\# 쉽고 재밌고 예쁘고

왜 쉽고 재밌고 예쁜 게 중요한가요?

윤지 사람들이 기후 위기의 심각성을 이제는 모르지 않는다고 생각해요. 폭염이나 폭우, 산불, 가뭄 이런 일이 너무 잦으니까 부정할 수 있는 단계는 넘어섰잖아요. 〈그린오큐파이〉가 시작할 때부터 가지고 있었던 핵심 질문은 '무엇이 사람들의 행동을 가로막고 있나?'거든요.

우리에게는 편리한 선택지가 너무 많아요. 그런데 움직임과 관련된 메시지들은 대부분 '하지 말아야 할 것'에 대해서만 얘기해요. 선택을 제한하고, 욕망을 제한하는 게 바람직하긴 하죠. 하지만 현대에 그렇게까지 효과적인 메시지는 아니라고 생각해요. 저는 이왕이면 좀 더 설득력 있으면 좋겠어요. 하지 말아야 할 것이 아니라 우리가 해야 할 것들을 얘기하고 싶어요. 책임감에 대해 얘기할 수도 있고, 앞으로 만들어 나가야 할 것에 대해 얘기할 수도 있고요.

그리고 그게 지속될 수 있으려면 쉽고 재밌어야 한다고 생각해요. 거기엔 저희 멤버들의 캐릭터가 들어간 것 같기도 하네요. 저희 자체가 어렵고 재미가 없으면 쉽게 떨어져 나가는 사람들이거든요.

평소에 라보가 귀엽다는 생각은 많이 했는데, 다마스는 이번에 처음 귀엽다는 느낌을 받았어요. 움직이는 소분 상점이 귀여워서 그런 것 같기도 해요. <그린오큐파이> 소개 페이지도 재밌게 봤어요. 거기에 귀여운 거북이 이모티콘이 상징처럼 붙어 있더라고요.

윤지 네, 거북이 옆에는 'do the next small thing'이라고 적어놨어요. '어떻게 보면 우리가 하는 활동이 소소해서 빠르게 변화를 만들지 못할 수도 있지만, 그럼에도 불구하고 한다'는 메시지를 담았어요. 작고 느리지만 우리는 이 방식을 추구할 거예요. 이 방식이 맞다고 생각하니까요.

2022년 서울국제도서전에서 비건 쿠키를 팔았거든요. 그때 제가 일부러 "비건이신가요?" 물어봤어요. 다양한 대답을 들을 거라고 생각했죠. "네, 비건이에요", "아니요, 그냥 배가 고파서요" 처럼요. 그런데 80~90% 이상 자기는 비건이 아니래요. 쿠키를 구입한 사람 중 대부분이 20대 여성이었는데 "비건이 아닌데 비건을 지향하고 싶다" 또는 "비건을 지향하고 있다", "관심이 간다"고 대답했어요. 하나같이 자기가 완벽한 비건이 아님을 부끄러워하면서 노력하고 있다고 말하는 거예요. 뭉클한 포인트죠. 그런 게 저희가 말하는 'small thing'이거든요. 완벽한 비건 한 명보다 비건을 지향하는 사람 열 명 이상이 모인 게 더 아름답다고 생각해요.

<그린오큐파이> 소개 페이지에서 또 재밌게 봤던 게 있어요. 강령이라는 게 있더라고요.

윤지   소개 페이지를 만들기로 하면서 저희의 생활이나 마음가짐에 대해서 논의를 많이 했어요. "나는 이 활동을 하면서 새것은 안 샀으면 좋겠어", "나는 이 활동을 하면서 최대한 주변에서 필요한 걸 찾고 싶어", 지원 사업 신청서를 적을 때나 저희 사업에 대한 이야기를 할 때도 저희 지향에 대한 얘기를 많이 하게 되더라고요. 지역 기반으로 운영하고 싶고, 새 제품은 사고 싶지 않고, 버려지는 것들을 최대한 활용하고 싶고….

저도 그렇고 같이 하는 친구도 완벽주의 성향이 강한 편이에요. 근데 모든 사람이 그렇게 살진 않으니까, 이게 저희의 정체성이자 어필할 수 있는 지점이 될 수 있겠다고 생각했어요. 실제로 움직이는 소분 상점에 필요한 물건이 생기면 지인에게 빌리거나 중고로 구매했죠. 온갖 곳으로 중고거래 하러 다녔어요. 테이블, 의자부터 집게, 시리얼통까지요. 물건을 진열한 선반도 인천에서 활동하고 계신 유동훈 작가님이 지역 폐목재로 직접 제작해 주신 거예요.

어떤 마음과 태도로 이 프로젝트에 임하고 있다고 얘기해 주는 활동가들의 강령인 거군요.

윤지   네. 저희 팀에 대한 강령이죠. "이렇게 합시다"가 아니라

"우리는 이렇게 한다".

〈그린오큐파이〉는 아래 8개의 강령을 바탕으로 활동합니다.

1. 나를 둘러싼 환경이 무엇으로 이루어져 있는지 인식한다.

2. 나의 주변을 그린(초록으로) 오큐파이(점거)할 수 있는 방법을 찾는다.

3. 우리에게 반드시 필요한 것인지 묻고, 행동한다.

4. 이미 만들어진 것들, 버려진 것들을 활용한다.

5. 불편을 즐긴다.

6. 되도록 50km 이내에서만 활동한다.

7. 아껴 쓰고, 나눠 쓰고, 바꿔 쓰고, 다시 쓴다.

8. 작은 것들(small thing)로 느리지만 필요한 변화를 만든다.

이상한 지지

환경에 대한 사람들의 관심이 높아지고 있는 것 같기도 해요. 제로웨이스트숍이 늘어나는 걸 보면 그런 생각이 들더라고요. <그린오큐파이>의 움직이는 소분 상점도 그런 흐름 속에서 있는 것 같은데요. 그럼에도 다른 제로웨이스트숍과 다른 점이 분명히 있겠죠?

윤지 〈그린오큐파이〉의 움직이는 소분 상점은 '움직이는' 소분 상점이라는 것, 그러니까 상점이 이동형 차량이기 때문에 어디든 직접 찾아갈 수 있다는 것이 가장 큰 차이점이에요. 사람들과 얘기하다 보면 "근데 매장은 어디에 있어요?" 하고 물어보세요. 이게 저희 매장이라고 하면 놀라시죠. (웃음)

방문하는 장소를 선정할 때 기준이 있었나요?

윤지 우선 주차료를 내지 않아도 되는 주차 박스 두 칸 정도 크기의 유휴 공간이 필요해요. 주변으로는 유동 인구가 있어야 하고요. 이런 옵션들을 생각해 보니까 우리 미션에 동의해 줄 수 있는 사업장이나 단체 주변에 갈 수밖에 없더라고요. 공간이 있고, 유동 인구가 있고, 우리 미션에 동의해 줄 수 있고, 비용을 받지 않아도 기꺼이 공간을 내어줄 수 있는 곳을 찾다 보니까 사실 많지는 않았죠.

공간을 고민할 때 법적인 부분도 문제가 됐을까요?

윤지 아무래도 그렇죠. 우리가 아는 과일 트럭이나 길거리 붕어빵 상점이 아직까진 불법 노점상으로 분류되고 있어요. 그럼에도 큰 제재 없이 운영되는 경우가 있지만, 저희 같은 경우는 기존 길거리 상점과 형태가 다르니까 더 겁이 났어요. 딴지 걸 수 있는 게 많은데 저희는 당당하게 얘기할 수 있는 건 없으니까요. 그래서 더 사업장에 의존하게 됐죠. 사업장이 가지고 있는 주차장에서 하는 건 문제가 안 되거든요.

작년에 처음 진행할 때 이 문제로 국민 신문고에 글을 올리고 식품의약품안전처, 정부 부처랑도 커뮤니케이션을 했는데요. 그 과정도 재밌었어요. 담당 공무원들이 "아, 너무 좋은 것 같은데 이게 사실은 불법이다", "지금은 해줄 수 있는 게 없는데 너무 좋은 아이디어 같다"고 말하는 거예요. 문제가 해결되진 않았는데 이상한 지지를 얻었어요.

제가 방문했을 때 빌라 주차장에서 하고 있었던 걸로 기억하는데, 거기도 사업장이었나요?

윤지 맞아요. 되게 감사한 게 처음에는 길거리로 무작정 나가거나 사장님들에게 연락해서 장소를 섭외했어요. 그렇게 한 시즌 하고 나니까 "우리 프로젝트에 움직이는 소분 상점이 들어와 줬으면 좋겠다"는 제안을 받게 된 거예요. 고은이 왔을 때 주차했던 곳이 청년 주거권 문제 해결을 위해 만들어진 〈민달팽이유니온〉에서 운영하는 주택이었어요. 먼저 제안을 해주셔서 그때 처음으로 출동비를 받고 갔었거든요. 최근 들어 협동 주택이나 코리빙 같은 주거 방식이 많아지면서 자연스럽게 소분 상점과 접목되는 지점이 생긴 거죠. '같이 사는 건물이나 공간에도 그런 게 있으면 좋겠다'는 생각들을 하시는 것 같아요.

좋다. 진짜 필요할 것 같아요. 1인 가구가 늘어나면서 공유할 수 있

는 물건이 줄어드니까 자연스럽게 한 번 쓰고 버릴 수 있는 물건을 구매하게 되잖아요. 편리하기는 하지만, 쓰레기가 엄청 나오겠죠.

윤지 맞아요. 근데 그게 아쉽게도 저희와 주최 측만의 생각이었더라고요. 〈민달팽이유니온〉에서는 비용을 들여서 〈그린오큐파이〉를 부른 거잖아요. 주거자들에게 쓰레기나 환경에 대한 문제의식이 있을 거라고 추정했던 건데, 실제로는 그렇지 않았어요. 2021년 하반기에 〈민달팽이유니온〉 주택 네 곳을 갔는데 대부분의 곳에서 매출도 방문자도 거의 없었어요.

그런 경험을 연달아서 하니까 '당사자들은 왜 필요로 하지 않지? 필요성에 대한 주최 측과 당사자의 간극은 어쩌다가 생긴 거지?' 하는 생각이 들더라고요. 만약에 제가 사는 건물 주차장에 이런 팝업이 열린다면 저는 굉장히 반겼을 것 같아요. 필요한 걸 사지 않고 기다렸다가 물품을 소분해 갔을 것 같단 말이에요. 쓰레기도 만들지 않고, 필요한 만큼만 사 갈 수 있는 데다 집 앞에서 가져갈 수 있잖아요.

현장 반응이 잘 나오지 않으면 고민이 많아질 것 같아요. 더군다나 움직이는 소분 상점이다 보니 일반 제로웨이스트숍에 비해서 공간이 한정적이기도 하잖아요. 판매할 물건을 들일 때도 고민을 많이 했을 것 같은데, 어떤 물건을 주로 들이셨나요?

윤지 기본적으로 다 제로웨이스트 생활재인데요. 멤버들이 사용해 보고 긍정적인 경험을 한 제품 중에서 추렸어요. 일반 제로웨이스트숍에 가면 샴푸바 하나에도 여러 색깔, 향, 브랜드가 있거든요. 근데 저희는 작은 매장이다 보니까 종류를 최소화했죠. 샴푸바는 한 브랜드 거, 칫솔도 색깔 하나, 이런 식으로요.

처음 물건을 들일 때는 브랜드마다 직접 연락했어요. 우리 프로젝트를 소개하고 "당신 제품을 우리가 판매하고 싶다"고 보냈는데 그 과정도 재밌었어요. 사실 움직이는 소분 상점은 작은 프로젝트고, 이전에 해본 적도 없어서 소개서라고 보여 줄 게 없었거든요. 조심스럽고 자신감도 많이 없었죠. 그런데 연락을 보낸 곳들에서 "너무 좋은 것 같다", "기꺼이 함께하겠다"라는 답장을 매일매일 받았어요. 그러면서 용기도 얻고 에너지도 얻었죠.

공무원들에게도 그렇고 움직이는 소분 상점이 많은 사람들의 응원으로 시작했네요.

윤지 맞아요. 그게 정말 신기하고 감사하죠.

통수세미의 위력

혹시 "소분하는 행위가 비위생적인 게 아니냐?"라거나, "대기업 브

랜드가 아닌데 믿고 쓸 수 있는 거냐?"와 같은 반응들도 있었나요? 일반 제로웨이스트숍에는 제로웨이스트 문화가 익숙한 사람들이 많이 찾을 것 같은데, 움직이는 소분 상점은 아예 이 문화가 낯선 사람들을 만나러 길거리로 나간 거잖아요. 이 문화를 아는 사람들에겐 많은 지지와 응원을 받았다고 했지만, 길거리에서는 어떤 반응을 마주하게 되었을지 궁금해요.

윤지 운이 좋게도 우려하신 반응을 겪은 적은 없어요. 2021년 하반기에 '소분 행위'에 좀 더 중점을 두고 다양한 식재료를 준비했을 때도요. 소금, 설탕, 카레 가루, 허브 가루, 푸실리 파스타, 원두 등이 있었는데요. 처음 보는 브랜드 제품이거나, 맛과 품질에 대한 확신이 없어서 구매로 이어지지 않는 정도였어요.

유독 반응이 좋았던 물건도 있나요? 특별히 마음이 갔던 물건이라든지요.

윤지 음, 제일 잘 팔렸던 건 통수세미에요. 그걸 눈에 잘 띄는 곳에 배치만 해도 지나가던 사람들이 걸음을 멈춰요. 통수세미를 매개로 이야기가 시작되는 경험을 너무 많이 했거든요. 진짜 신기했어요. 그렇게 보면 통수세미가 특별하게 생각했던 제품이라고도 얘기할 수 있을 것 같네요. 젊은 사람들은 "이게 뭐야?"로 시작하고, 중년 여성들은 "이게 요즘에도 나와?"로 시작해요. 그러면서 이야기꽃이 피는 거예요. (웃음) 아, 근데 남성은 딱 두

부류에요. "어! 이거 학교에서 봤어요"로 시작하는 초등학생 남자아이, 아니면 애인을 따라온 남자친구.

그렇게까지 성별이 갈리나요?

윤지 완전히 갈려요. 95% 이상이 여성이에요. 요새 이와 비슷한 통계가 많이 나와 있어요. 제로웨이스트 생활재를 사고 관심을 갖는다는 게 얼마나 가사노동과 관련이 있는지, 그리고 아직까지도 가사노동에서 여성의 몫이 얼마나 큰지 현장에서 확인할 수 있었죠. 방문하는 사람들의 성비를 보면서 '어떻게 하면 중년 남성과 함께할 수 있지?' 하는 생각도 들었어요. 저희가 갑자기 중년 남성을 가사노동에 포함시키는 건 현실적으로 불가능하잖아요. '중년 남성이 올 경우에 할인을 해줄까?', '베니핏을 주면 함께하려고 할까?', '중년 남성만을 위한 워크숍을 열어 볼까?' 이런 생각도 해봤어요. 이 프로젝트에서만 보이는 현상은 아니기 때문에 대단한 변화를 기대할 순 없겠지만, 아저씨들이 테이블에 둘러앉아서 뭔가를 만드는 모습을 상상해 보면 그것만으로도 신선하잖아요. (웃음)

주로 오는 여성들의 연령대는 어떻게 돼요?

윤지 20~30대가 아무래도 제일 많죠. 거의 70%에요. 40~50대 분들도 관심은 갖지만, 그분들은 이미 가사노동에 대해 가지고 있는 패턴이 있는 것 같아요. 갖고 있는 물건이 너무 많거나 새로운 물건을 의심하거나요. '이게 정말 기능을 다할까?' 하면서 구매를 망설이세요. 그런데 저희가 단순히 판매 목적으로 운영하는 건 아니니까 그런 분들이랑 얘기를 더 많이 나누려고 하죠.

<그린오큐파이>에서 제로웨이스트 생활재를 판매하는 것 말고도 '밀랍 랩 제작 워크숍'이나 '시아노타입 워크숍'*도 하셨잖아요. 그런 워크숍은 소분 상점과 어떤 관련이 있나요?**

윤지 사실 제로웨이스트숍에서 일할 때 현타가 올 가능성이 있어요. 결국 소비를 조장하고 있다는 생각이 들기도 하거든요. 물론 상점이라는 이름을 가지고 있으니까 판매 행위가 일어나야 하는 건 맞아요. 그런데 자칫하면 '더 많이 팔아야 되고 더 많은 이윤을 남겨야 돼' 하는 마음에 빠지기 쉬워요. 그걸 지양하고 싶기도 했고, 단순히 판매와 소비로 끝나는 관계가 아니기를 바라기도 했어요. 이 공간에서 사람들과 시간을 보내고 이야기를 나눌 수 있는 프로그램이 있으면 좋겠다 싶었죠.

워크숍을 해보니까 사람들이 손으로 뭔가를 만듦으로써 직접 참여하는 걸 되게 좋아하더라고요. 아마 다들 비슷한 생각이지

---

*   시아노타입(cyanotype)이란 사진을 햇빛에 노출시켜 인화하는 아날로그, 자연 인화 방법 중 하나다. 푸른색을 띠기 때문에 청사진법이라 불리기도 한다.

않았을까요? 사지 않고 만들 방법이 있다면 만들어 보고 싶었을 거고요. 또 쉽게 구입할 수 있는 공산품에 어떤 문제가 있어서 직접 만들 필요가 있는지, 직접 만들면 어떤 이로운 영향이 있는지 얘기 나눠 보고 싶었을 테니까요.

제로웨이스트숍을 하다가 현타가 올 수도 있겠군요. 의도하는 바와 실제로 움직여야 하는 방식 사이에 갭이 있으니까요.

윤지 저는 현타를 무서워하는 사람이에요. 배보다 배꼽이 커지면 힘이 빠져요. 예를 들면 쓰레기를 안 만들기 위해 시작했는데 엄청난 양의 쓰레기가 만들어질 때가 있어요. 캠페인을 위한 프로젝트가 아니라 단순 판매를 위해 가게를 운영 중인 것 같을 때도 있고요. 할 수 없이 "사세요"라고 말하거나, 사람이 오지 않을까 봐 불안해하면서 할인해 주기도 하거든요. 정신줄을 약간만 놓아도 그런 상황들이 발생해요. 그럴 때 자책 모드가 켜지는 거죠.

감사함과 겸손함

움직이는 소분 상점이 아닌 다른 프로젝트도 생각해 둔 게 있나요?

윤지 요새는 현타가 오지 않으면서 재밌게 지속할 방법에 대해

고민하고 있어요. 그래서 출판이든 전시든 '메시지를 담은 무언가를 만들게 되지 않을까?'라는 생각이 들어요.

베트남에 있는 한 피자 브랜드에서 앞으로 살아갈 우리의 후손들에게 편지를 남기는 프로젝트를 한 걸 봤어요. 버려진 비닐을 재활용해서 거기에 편지를 썼더라고요. 전 세계의 언어로 써진 편지를 모은 다음에 편지집을 만들었는데, 그게 너무 아름다운 거예요. 그런 콘텐츠가 사람의 마음에 울림을 주고, 오랫동안 남고, 긍정적인 방향을 제시한다고 생각해요.

또 이런 콘텐츠도 기획해 보고 싶어요. 몇 년 전에 갔던 생태 공동체 캠프에서 사람들이 동그랗게 두 원으로 앉아서 마주 보고 대화를 했거든요. 다 같이 눈을 감으면 진행하는 사람이 가이드를 줘요. 그리고 다시 눈을 뜨면 저는 과거에 살았던 사람이 되고 맞은편 원에 앉아 있는 사람은 현재를 사는 사람이 되는 거예요. 과거의 사람과 현재의 사람이 이야기를 주고받는 상황극인데, 그 활동을 하면서 사람들이 제일 많이 울었어요. 그런 상황에 몰입하면 과거에 살았던 사람들의 행동에 대해 생각해 볼수도 있고, 오늘날 문제가 어디서 온 것인지에 대한 질문이 생길 수도 있잖아요. '그런 시간이 쌓였을 때 행동에 변화가 생기는 게 아닌가?'라는 생각이 들었어요.

(인터뷰가 예상 시간을 초과했다. 윤지에게 이후 일정이 있어 아쉽게

말을 끊어야 했다. 마지막 질문 두 개만을 남겨 놓고 있었기에 서면을 통해 질문에 답해 달라고 요청했다. 다음은 윤지에게 받은 답변이다.)

쓰레기를 전혀 안 만들면서 살 수는 없잖아요. 그렇다면 우리는 어떤 마음으로 쓰레기와 만나면 좋을까요?

윤지　환경이라는 게 우리와 별개로 있는 무언가가 아니잖아요. 지금 우리가 숨 쉬고, 마시고, 먹고, 걸을 수 있는 게 다 환경인 건데요. 그게 무한할 것이라고 생각하면 편리함을 선택하게 되고, 무한하지 않다고 생각하면 선택하지 않게 되는 것 같아요. 두 선택의 온도는 분명히 다르죠. 모두에게 감사함, 겸손함이 필요하지 않을까 싶어요.

플라스틱을 쉽게 선택하는 사람과 그렇지 않은 사람들이 함께 살 수 있을까요?

윤지　이미 함께 살아가고 있고, 앞으로도 그럴 거라고 생각해요. 전자의 사람들이 후자의 사람들처럼 변한다면 우리는 조금 더 희망을 품을 수 있을 테고, 후자의 사람이 전자의 사람으로 변한다면 문제는 더 빨리 심각해지겠죠. 그러니 중요한 건 환경문제가 삶의 우선순위인 사람들이 지치지 않고 꾸준히 삶 속에서 녹여 내는 것, 그리고 더 많은 사람들이 함께할 기회를 만드는 것이지 않을까 싶어요.

인터뷰는 전 세계가 폭염으로 고생했던 2022년 여름에 진행됐다. 중국은 가장 광범위하고 오래 지속된 폭염이, 유럽엔 역대 최고 기온을 경신한 폭염이 발생했다. 폭염으로 인한 자연재해 소식도 끝없이 들려왔다. 동아프리카는 3월에서 5월 사이에 연중 강수량의 70%가 내리는데, 2022년에는 4년 연속 우기에 비가 오지 않아 약 1,670만 명의 사람들이 심각한 식량부족에 처했다. 반면 파키스탄에는 기록적인 폭우가 내려 대규모 홍수가 발생했고, 1,700명의 사망자와 3,300만 명의 이재민이 속출했다. 한국도 예외는 아니었다. 서울과 수원 등 여러 지역에 이른 열대야가 찾아왔다. 1973년 이래 처음으로 6월 열대야가 발생한 것이다. 8월에는 폭우로 수도권에서 14명의 사망자와 6명의 실종자가 나왔다. 서울 반지하에 살던 발달장애인 가족 3명이 불어난 물에서 빠져나오지 못했다.

이 숫자들이 포함하지 못한 수많은 피해가 매일매일 어디선가 발생하고 있었다. 모두가 기후 위기의 한복판에 서 있다는 것을 체감할 수 있는 여름이었다. 윤지가 인터뷰를 위해 안내한 공간에는 에어컨이 없었다. 아마도 그는 가장 여유 있는 공간을, 서로에게 집중하기 좋은 자리를 골랐을 것이다. 너무 더우면 말하라고, 에어컨 있는 곳으로 옮기자는 말도 빼먹지 않고 덧붙였다. 나는 약간 놀랐다. 올해 들어 한여름 대낮에 에어컨 없이 실내에 머문 적이 있었던가? 몸에 열이 오르고 땀이 났다. 윤지가 휴대용 선풍기와 쟁반을 들고 왔다. 손바닥만 한 선풍기의 바람은 좁은 영역에 꽤 강한 바람을 만들어 냈다. 얼굴 위의 땀이 날아갔다. 쟁반에는 예쁜 비트 음료와 얼룩덜룩 귀여운 사과가 있다. 비트 음료는 윤지가 직접 냉침해서 만든 것이었고, 사과는 상품성이 떨어져서 버려질 뻔한 것이었다. 시원한 비트 물과 단 사과가 몸의 열기를 조금씩 식혀 줬다.

에어컨을 틀어 시원해지는 것과 다른 느낌이었다. 에어컨이 켜진 공간에 가면 땀이 순식간에 날아간다. 몸의 열기도 빨리 식으므로 급격한 한기에 탄성이 절로 나온다. 그러나 땀이 날아가며 몸의 열기를 빼앗았기 때문인지, 순식간에 체온이 변해 몸이 스스로 조절할 기회를 빼앗겼기 때문인지, 살가죽을 뚫는 차가움이 몸을 뒤덮는다. 그마저도 카디건을 주섬주섬 입으며 리모컨을 찾아 온도를 높이면 그만이다. 반면 에어컨을 틀지 않고 온몸으로 더위를 맞이하는 건 처음엔 좀 괴롭다. 열기를 내쫓는 대신, 비트 물이나 사과 같은 것들로 열기와 타협을 봐야 한다. 적당한 시간에 걸쳐 조금씩 몸의 열이 떨어지도록 말이다. 그러면 잠시 뒤에 땀에 젖고 더위를 느끼면서도 불쾌하지 않은 순간이 찾아온다. 뜨거운 햇살과 적당히 식은 몸의 온도, 귀엽고 맛있는 비트 물과 사과를 즐길 수 있게 되는 순간.

마음에 여유가 생기면서 어떤 이들이 이 더위 때문에 나보다 더 한 고통 속에 머물고 있을지도 생각해 보게 됐다. 바로 인근에만 하더라도 열기가 갇힌 아스팔트 위에 장시간 서 있어야 할 사람이, 환풍이 제대로 되지 않는 공간에서 버텨야 할 사람이 있을 터였다. 누군가를 탓하고 싶어졌다. 하지만 내가 손쉽게 틀었던 에어컨이, 편하려고 쓰고 버리기를 반복했던 쓰레기가 급격하게 무너지는 생태계를 구성하고 있다는 사실을 모르는 척할 수 없었다. 그 사실을 자주 잊어버릴 수는 있어도 아니라고 말할 수 있는 사람은 없을 것이다. 어쩌면 녹색으로 점거한다는 건 그런 게 아닐까? 손쉽게 에어컨을 틀거나 플라스틱을 쓰는 대신, 불편함을 감수하며 다른 방법을 찾는 것. 빠르게 몸을 차갑게 만들며 어떤 문제들을 외면하는 대신, 열기를 몸으로 받아들이며 조금이나마 소화해 보려고 노력하는 것. 그래서 내 삶과 이 세계가 무관하지 않다는 것을 즐거이 받아들이게 되는 것. 내 삶을 녹색으로 점거하는 것이 곧 세계를 녹색으로 점거하는 일이기도 하다는 걸 아는 것.

인터뷰가 끝나고 윤지에게 일을 도와 달라는 연락을 받았다. 〈그린오큐파이〉는 생산 과정에 대한 고민이 있는 굿즈들을 판매하는 2022 〈언유주얼 굿즈 페어〉에 참여했다. 부스를 차리고 워크숍을 진행했는데, 나에게 하루 동안 부스를 같이 봐 달라고 했다. 이 페어에서 〈그린오큐파이〉는 새로운 프로젝트를 공개했다. 한쪽에 제로웨이스트 생활재가 진열된 다마스가 있었고, 다마스와 연결된 옆의 테이블에는 편지를 쓸 수 있는 자리가 마련되어 있었다. 사람들이 선조가 되어 미래에 사는 후손 '김미래' 씨에게 편지를 남기는 프로젝트로, 인터뷰에서 이야기했던 베트남의 편지 프로젝트와 조상-후손이 마주 보는 역할극이 결합된 모양이었다. 나는 현장에서 사람들이 편지를 쓸 수 있도록 도왔다.

사람들에게 편지를 쓰면 된다고 설명해 준 뒤 포장 박스, 플라스틱 비닐, 쇼핑백 같은 재활용 편지지를 전해 주면 대부분 당황했다. 그래도 그들은 개중에 가장 예쁜 편지지를 고르고 골라 미래씨에게 편지를 적어 내려갔다. 꽤 많은 이들이 지금 쉽게 만날 수 있는 것들을 미래에도 만날 수 있냐고 물어봤다. '봄의 냉이, 여름의 열무, 가을의 사과, 겨울의 시금치', '신선한 바람과 맑은 하늘을 볼 수 있는 가을', '지금 우리가 보는 한강', '사랑하는 하늘'…. 아마 사람들이 아름답다고 생각하는 것들일 터이다. 또 어떤 사람들은 미래씨에게 사과했다. 혼자서 이 세계를 이렇게 만든 사람은 없을 텐데도 사과를 했다. 사람들이 쓴 편지를 벽 한 켠에 줄지어 붙였다. 알록달록한 편지들이 귀여운 다마스와 잘 어울렸다. 나중에 들은 얘기인데, 어떤 사람들은 그걸 보고 울기도 했단다.

멋진 굿즈를 사러 온 어떤 사람들은 우연한 기회에 편지를 쓰다가 자신이 소중하게 여기는 것 혹은 지금 누리고 있는 것과 미래가 무관하지 않다는 사실을 알게 됐다. 다음 층으로 이동하던 어떤 사람들은 우연한 기회에 벽에 붙은 편지들을 읽다가 다른 사람의 세계와 연결됐다. 〈그린오큐파이〉는 쉽고 예쁘고 재밌게, 우연을 빙자한 우연하지 않은 계기를 만든다. 사람들이 세상과 연결되는 시간을 조금이라도 갖게 되길 바라면서.

〈그린오큐파이(Green Occupy)〉

#기후위기 #연결 #지속가능성 #nextsmallthing

1. 〈그린오큐파이〉

무엇이 우리의 행동을 가로막는 걸까? 그린오큐파이는 이 질문에서 활동을 시작했다. 머리로는 기후위기의 심각성을 알고 있지만 행동을 가로막는 어려움과 불편함을 살피고, 불편함을 외면하지 않고 책임질 수 있는 행동으로 이어질 수 있는 방법을 찾는다.

제로웨이스트, 비건, 업사이클링은 기후위기보다 심리적 거리가 가까운 단어다. 누구나 실천할 수 있는 작은(small thing) 행동이지만, 서서히 변화를 가지고 올 수 있는 강력한 힘이 있다. 그린오큐파이는 삶의 반경에서 이루어지는 실천들을 격려하고, 그로부터 시작되는 변화를 만들고자 한다.

2. 〈그린오큐파이〉의 활동

1) 김미래씨에게Dear. Mirae Kim(2022. 8. 1. ~ 현재) 약 100년 뒤 지구에서 살아갈 누군가에게 편지를 쓴다면 우리는 어떤 이야기를 하게 될까? '김미래씨에게Dear. Mirae Kim'는 기후위기 시대에 적는 편지 프로젝트로 개개인의 행동을 제한하는 환경운동이 아닌, 미래 세대를 생각하고 그에 대한 감정을 나누고자 기획했다. 사람들이 김미래씨에게 보낸 편지는 웹사이트(dearmiraekim.com)에서 확인할 수 있다.

2) **움직이는 소분 상점(2021. 1. 1. ~ 현재)** 제로웨이스트 상점이 부재한 동네를 직접 찾아가는 이동형 소분 상점 프로젝트다. 일상에 꼭 필요한 제로웨이스트 생활재를 싣고 현재까지 서울의 5개 구에 17차례 이상 출동했다. 길거리, 행사장에 정차한 작은 상점(다마스) 주변으로 다양한 사람들이 오갔고, 자연스럽게 지속 가능한 삶에 대해 이야기 나누는 장이 되었다.

3) **비건 팝업 키친 VW(2020. 6. 1. ~ 2020. 8. 25.)** 비건 음식에 대한 즐거운 경험과 쉬운 접근성을 고민하며 망원동 작은 가게에서 이틀간 비건 팝업 키친을 열었다. 팝업 키친의 메뉴는 다섯 가지 여름 초밥과 두유 빙수였다. V(vegan)가 모여 다음 순서인 W로 나아가길 바라는 마음으로 기획했다.

3. <그린오큐파이>에게 연락할 수 있는 방법

이메일: greenoccupy.info@gmail.com

인스타그램: @greenoccupy